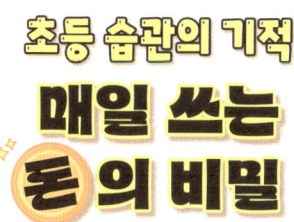

초등 습관의 기적
매일 쓰는 돈의 비밀

SHIPPAI WO SEIKO NI KAERU OKANE NO TSUKAIKATA
Copyright © MICANO 2024
All rights reserved.
Originally published in Japan in 2024 by Poplar Publishing Co., Ltd.
Korean translation rights arranged with Poplar Publishing Co., Ltd.
through AMO AGENCY

이 책의 한국어판 저작권은 AMO에이전시를 통해 저작권자와 독점 계약한 현대지성에 있습니다.
저작권법에 의해 한국 내에서 보호를 받는 저작물이므로 무단 전재와 무단 복제를 금합니다.

읽다 보면 경제 상식이 저절로 쌓이는

야기 요코 감수
미카노 그림
박선정 옮김

초등 습관의 기적
매일 쓰는 돈의 비밀

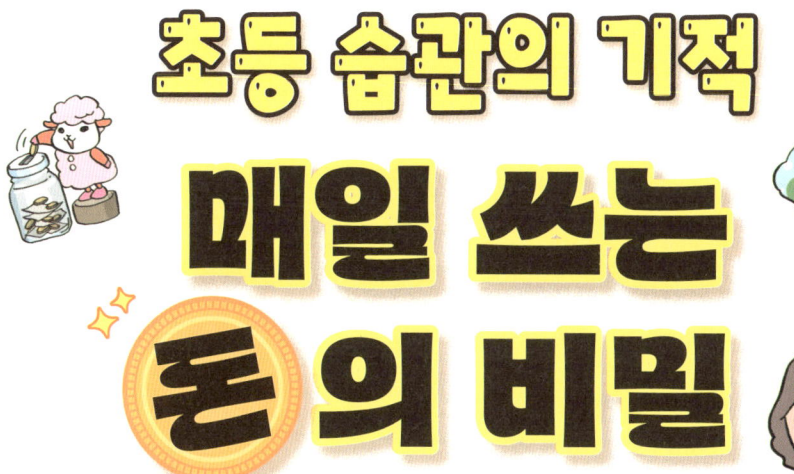

돈을 내는 것은 감사를 표현하는 일

돈은 교환의 수단

소비와 낭비, 뭐가 다를까?

와! 맛있겠다!

어랏, 돈이 어디로 갔지?

지성주니어

추천의 글

부모님에게

어른에게 돈은 참 중요합니다. 중요하다면 시간과 노력을 투자해야 하죠. 내 아이가 어릴 때부터 돈에 대한 분명한 철학을 가질 수 있도록 교육해야 합니다. 이 책은 돈을 교육할 때 부모님의 시간과 노력을 줄여 주는 유용한 책입니다. 아이가 살아가는 보통의 하루에서 일어나는 다양한 사례를 통해서 경제 상식과 함께 왜 그런 철학을 가져야 하는지에 대해서도 스스로 생각할 수 있게 돕기 때문입니다. 용돈이라는 도구를 통해 돈에 대한 개념을 알려 주며, 그냥 소비하는 게 아닌 똑똑하게 쓰는 법을 알려 줍니다. 이 책이 가진 최고의 장점은 대부분의 목차가 내 아이가 할 법한 질문으로 이루어져 있다는 것입니다. 경제 사전처럼 그냥 일방적으로 지식을 주입하는 게 아닌 "갖고 싶다는 마음이 진짜일까?", "친구가 돈을 빌려 달라고 한다면?"과 같은 일상에서 충분히 고민할 수 있는 문제에 아이가 스스로 답을 찾을 수 있게 돕고 있죠. 음악의 주인이 그걸 만든 사람이 아닌 멋지게 즐긴 사람인 것처럼, 돈의 주인 역시 그걸 단순히 갖고 있는 사람이 아닌 근사하게 활용한 사람입니다. 이 책은 돈에 끌려다니지 않고 돈을 다스리는 사람이 될 수 있는 방법을, 아이가 이해할 수 있는 말로 다정하게 알려 줍니다.

● **김종원** (120만 독자가 사랑한 교육 멘토, 『너에게 들려주는 단단한 말』 저자)

어린이들에게

여러분은 돈을 얼마나 잘 다루고 있나요? 아마 "돈은 어른이 되면 알아야 할 것"이라고 생각할지 모르지만 사실은 지금부터 조금씩 배워 두는 게 좋아요. 돈을 잘 다루는 습관은 나이가 들어서 갑자기 생기는 게 아니라 어릴 때부터 차근차근 만들어지는 거니까요. 나만의 돈 관리법을 알려 주는 이 책을 선생님도 재미있게 읽었어요. 이 책은 여러분이 돈과 친해질 수 있도록 도와주는 책이에요. 용돈을 어떻게 쓰고 어떻게 모을지 기록하며 내 돈을 살펴볼 수 있어요. 또 나만의 돈 관리 스타일을 찾아 나에게 맞는 방법을 배울 수 있어요. 나의 돈 관리 스타일을 남과 비교하지 말고 "나는 이런 방식이 잘 맞겠구나"하고 느낄 수 있길 바라요. 돈은 단순히 물건을 사는 도구가 아니에요. 내 꿈을 이루고 가족과 친구를 도우며 세상을 더 좋게 만드는 힘이 될 수도 있어요. 이 책을 읽으며 돈을 무서워하지 않고 지혜롭게 다루는 멋진 친구들이 되기를 응원해요.

● **옥효진**(베스트셀러 『세금 내는 아이들』 저자)

들어가며

진짜 좋아하는 일을 하는 행복한 어른이 되기 위해서

돈이 없으면 원하는 일을 마음껏 할 수 없어

우리가 살아가는 데 돈이 중요하다는 사실은 잘 알고 있지? 그런데 왜 중요한지 생각해 본 적 있어? 돈이 없으면 원하는 일을 할 수 없어. 갖고 싶은 것을 살 수 없을뿐더러 하고 싶은 일도 할 수 없지. 궁금한 것을 마음껏 배울 수 없기도 하고, 가고 싶은 곳으로 여행할 수도 없어. 하고 싶은 게 너무 많은데 돈이 부족해서 하지 못한다면 정말 슬플 거야. 다른 누군가를 부러워하면서 내 인생에는 신경 쓰지 못하고 지낼 수도 있지.

소비가 주는 즐거움은 스치는 바람처럼 짧아

그렇다면 반대로 돈이 많으면 과연 행복할까? 그렇지도 않아. 돈의 소중함과 일상의 감사함을 모르면 돈이 아무리 많더라도 행복할 수 없어. 너희들도 원하는 것을 가졌을 때 기분이 좋았던 경험이 있지? 그 행복감이 얼마나 오래 갔는지 떠올려 보면 깨닫게 될 거야. 무언가를 사서 얻는 즐거움은 지나가는 바람의 시원함처럼 너무나 짧거든. 잠깐의 시원한 바람이 지나가고 나면 다시 무더운 일상을 견뎌야 하지. 그게 싫다고 매순간 소비만 하면서 살 수도

없는 노릇이니까. 그래서 돈을 관리하는 방법은 어려서부터 배워야 해. 돈과 인생의 행복은 매우 밀접한 연관이 있거든.

무조건 아끼라고 말하는 책이 아니야

이 책은 무조건 돈을 아끼고 저축하는 방법을 알려 주는 책이 아니니까 너무 겁먹고 걱정하지 마. 때로 돈은 그 순간에만 할 수 있는 경험과도 관련이 있어서 돈을 제대로 쓰는 일도 무척 중요하거든. 제대로 돈을 쓰는 방법부터 나중의 경험을 위해서 돈을 모으는 기술까지 알려 줄 거야. 돈을 잘 관리하다 보면 매일을 감사한 마음으로 지내게 될 거야. 그러다 보면 내가 진짜 좋아하는 것이 무엇인지까지도 알게 될 거야. 돈을 관리하는 법을 배우면 너희들이 진짜 되고 싶었던 그 모습의 어른이 될 거라고 확신해.

돈을 관리하다 보면 진짜 좋아하는 일을 찾게 될 거야

지금부터 용돈을 똑똑하게 쓰고 관리하는 방법을 배워 보자. 돈의 의미부터 저축, 투자와 빚까지 몰랐던 사실을 이야기할 거야. 그리고 초등학생이 일상생활에서 겪을 수 있는 소비와 관련된 다양한 문제를 만화로 재미있게 보여 주면서 더 나은 방법을 조언해 줄 거야. 소비왕, 절약왕, 고민왕, 배려왕처럼 이 책에 등장하는 소비 유형 중 나는 어떤 유형에 속하는지 살펴보면서 책을 읽다 보면, 경제 상식은 물론 부자되는 첫걸음도 뗄 수 있을 거야.

자, 시작해 볼까?

이 책을 재미있게 읽는 방법

 나는 어떤 유형일까?

나의 소비 유형을 파악해야 나에게 딱 맞는 용돈 관리법을 찾을 수 있어. 간단한 질문에 답하면서 먼저 자신의 소비 유형이 쇼핑왕, 배려왕, 고민왕, 절약왕 중에 어디에 속하는지 알아봐.

2 유쾌한 만화로 만나는 초등 현실밀착 소비 생활

인형 뽑기, 친구의 물건을 빌렸을 때, 친구 선물을 살 때, 중고 거래를 할 때 등 초등 어린이 현실 속에서 일어날 만한 다양한 상황을 만화로 재미있게 그려 놨어. 만화를 보며 유형에 따라 특히 주의해야 할 점도 알아 두자.

나에게 꼭 맞는 용돈 관리법은?

용돈은 일정한 금액을 받을 수도 있고, 집안일을 한 만큼 받을 수도 있어. 부모님과 용돈 계약서를 쓰는 방법부터 병 나누기, 용돈 기입장, 영수증 노트, 용돈 관리앱 등 다양한 용돈 관리 방법의 장단점과 용돈 재협상 꿀팁까지 배워 봐.

 어린이 눈높이에 맞춘 경제 상식이 머리에 쏙!

돈이 어디에서 만들어지는지 알고 있어? 세금은 뭐고, 은행은 무슨 일을 하는지는? 〈더 알아보기〉와 〈부자가 되려면 꼭 알아야 할 경제 상식〉에서는 그동안 몰랐던 지식을 머리에 쏘옥 넣어 줄 거야.

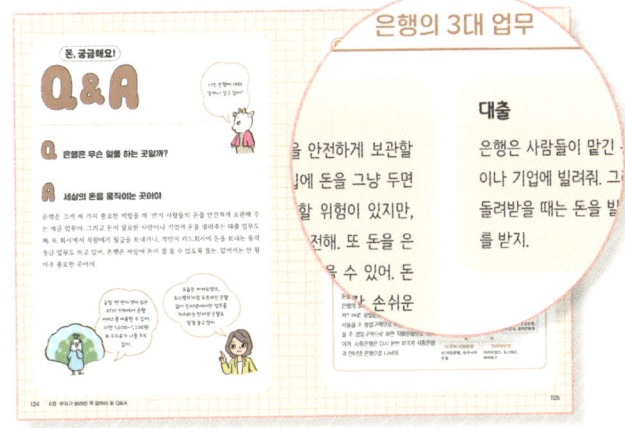

차례

들어가며 진짜 좋아하는 일을 하는 행복한 어른이 되기 위해서…8

1장
돈, 왜 알아야 해?

돈은 대체 뭘까?…16
- 돈은 교환의 수단
- 돈은 감사의 마음

돈 관리법을 배우면 무엇이 좋을까?…20
- 더 많은 기회가 생겨
- 진짜 내가 원하는 것이 무엇인지 알게 돼
- 살아가는 데 꼭 필요한 힘이 생겨
- 나에게 꼭 맞는 돈 관리법 알아보기

돈은 어떻게 사용될까?…32
- 쓰기
- 모으기
- 대비하기
- 굴리기
- 빌리기
- 벌기

 돈은 어디서 만들어질까?…34

2장
돈, 어떻게 써야 할까?

부모님이 돈을 내 주실 때…36
- 갖고 싶다는 마음이 진짜일까?
- 대략적인 물건의 가격을 미리 알아 두자
- 돈을 내야 하는 것에는 이런 것도 있어
- 가격은 어떻게 결정될까?

예정에 없던 소비를 해야 할 때…42
- 나에게 가치가 있는지 생각해 봐
- 소비와 낭비의 차이는 무엇일까?

갑자기 큰돈이 생겼을 때…46
- 필요한 것과 갖고 싶은 것을 구분해 봐
- 헷갈리는 소비 욕구 알아보기

용돈 카드로 물건을 살 때···50
- 비현금 결제를 주의하자
- 비현금 결제는 언제 돈이 빠져나갈까?

SNS에서 물건을 사고판다고?···54
- 돈 거래를 하기 전 반드시 부모님과 상의해야 해
- 돈 관리는 왜 중요할까?
- 돈을 바라보는 올바른 가치관도 배워야 해

돈에 대해 잘 모르면 생기는 문제들···58
- 허세를 부리다가 맞은 요금 폭탄
- 무료라는 말에 홀려 유출된 개인정보
- 핸드폰 결제는 돈이 나가지 않는다고?
- 주운 물건은 주인이 없으니 되팔아도 될까?

 **더 알아보기** 착한 소비? 윤리적 소비가 뭐야?···62

3장
돈, 똑똑하게 관리하자!

용돈, 어떻게 받을까?···64
- 용돈을 받는 3가지 방식
- 용돈, 얼마를 받을까?
- 용돈 계약서 쓰기

용돈, 어떻게 관리할까?···70
- 먼저 돈을 한눈에 보이게 만들자
- 돈을 쓰고 난 뒤에는 반드시 점검하자
- 비정기적으로 생기는 돈은 따로 관리하자

용돈 재협상 대작전···80
- 달라진 상황을 정리해 봐
- 용돈 인상 프레젠테이션을 해 봐

초등 현실 밀착 사례···84
- 인형 뽑기에서 계속 실패한다면
- 친구에게 선물을 주고 싶다면
- 용돈 규칙을 어겼다면
- 친구가 돈을 빌려 달라고 한다면
- 빌린 물건을 망가뜨렸다면
- 친구랑 물건을 바꾸고 싶다면
- 무료인 줄 알았는데 아니었다면

 **더 알아보기** 다른 사람을 위해 돈을 쓴다고?···98

4장
돈, 미리 배워 봐!

일해서 돈 벌기…100
- 돈을 버는 가장 기본적인 방법, 노동
- 일을 하는 방식은 어떤 것이 있을까
- 나에게 맞는 일은 무엇일까

 어린이도 할 수 있는 용돈 벌기…108

투자로 돈 불리기…110
- 가진 돈을 키우는 방법, 투자
- 좋아하는 기업에 투자해 봐

돈을 빌린다는 것…116
- 빚은 나쁜 걸까
- 돈은 언제 빌려야 할까

 똑똑한 소비 습관을 지닌 균형왕 되기…122

5장
부자가 되려면 꼭 알아야 할 경제 상식

- 은행은 무슨 일을 하는 곳일까?…124
- 경기가 좋다, 경기가 나쁘다는 무슨 뜻일까?…126
- 원화 강세, 원화 약세는 무슨 뜻일까?…127
- 세금이 궁금해!…128
- 사회 보장 제도가 궁금해!…130
- 연금이 궁금해!…131

 저축 목표 세우기 & 용돈 기입장…132

1장
돈, 왜 알아야 해?

돈은 대체 뭘까?

돈은 교환의 수단

종이에 불과한 돈이나, 돈이 들어 있는 작은 플라스틱인 신용카드로 어떻게 물건을 살 수 있는지 생각해 본 적 있어? 돈 자체로는 우리 몸을 따뜻하게 만들거나 배를 채울 수 없지만, 돈은 내가 필요한 물건을 다른 사람과 바꿀 수 있는 수단이야. 내가 필요로 하는 것을 다른 사람이 가지고 있을 때 돈을 주고 그 물건을 가져올 수 있는 거지.

 돈의 3가지 특징

교환할 수 있어

무언가를 산다는 것은 돈과 내가 원하는 것을 교환한다는 의미야. 예를 들어 호텔에 숙박하거나 기차를 타는 것도 돈과 서비스를 교환하는 일이야.

가치를 비교할 수 있어

500원짜리 사탕과 1,000원짜리 쿠키가 있다면 "사탕보다 쿠키의 가치가 더 높다"라고 판단할 수 있어. 이렇게 돈은 물건의 가치를 비교하는 역할도 해.

보관이 편리해

아주 오래전 물건과 물건을 서로 교환하던 시절이 있었어. 그때는 교환하려던 물건이 상하거나 망가져서 필요한 물건을 얻지 못하는 경우도 있었지. 하지만 돈을 사용하면서 그런 걱정은 필요 없어졌어. 부피도 작고 가볍기 때문에 보관하기가 편리하니까.

전 세계 모든 사람이 "돈을 원하는 물건과 교환할 수 있는 수단으로 하자"라고 약속했어.

돈의 유래

돈은 어떻게 만들어졌을까? 그 역사를 함께 알아보자.

1) 직접 교환으로 시작

아주 옛날에는 내가 가진 물건과 상대가 가진 물건을 직접 교환했어. 하지만 각자 원하는 물건이 달라서 동시에 교환하지 못하거나, 교환하려던 것이 음식이라면 상하기도 하는 불편함이 있었지.

2) 최초의 돈은 조개껍데기

그러다가 희귀한 조개껍데기나 돌을 교환 수단으로 사용하기 시작했어. 조개껍데기나 돌은 상하지 않아서 원하는 물건을 얻을 때까지 안전하게 보관할 수 있었으니까. 이런 조개껍데기나 돌이 인류가 사용한 최초의 돈이라고 할 수 있지.

3) 동전의 탄생

시간이 지나면서는 모두가 가치를 인정하는 금을 교환의 수단으로 사용했어. 하지만 금은 교환할 때마다 무게를 재야 해서 불편했지. 그래서 금속을 녹여 일정한 모양으로 만든 동전이 탄생한 거야.

4) 지폐의 탄생

한편 동전은 무거워서 많은 양을 가지고 다니기 힘들었어. 그래서 종이로 만든 보관증을 발행하게 되었고 "종이 보관증이 금과 동일한 가치가 있다"라고 정했지. 이 종이 보관증이 바로 오늘날 우리가 사용하는 지폐의 시작이야.

돈은 감사의 마음

누군가가 만든 물건 혹은 제공하는 서비스를 이용하려면 돈을 내야 해. 그러니까 돈을 내는 것은 나를 대신해서 해 주는 것에 대한 감사를 표현하는 일인 거야. 우리는 알게 모르게 수많은 사람의 도움을 받으며 살아가고 있는 거지. 지금은 감사를 표현하는 소비(돈을 써서 없앰)만 하고 있지만 어른이 되면 감사를 누군가로부터 받을 수 있게 돼. 누군가에게 도움이 되는 일인 생산(물건을 만들어 냄)을 해서 가격, 급여와 같은 형태로 돈이라는 감사의 마음을 받는 거지.

감사할 일을 찾아보자

돈으로 감사를 표현할 때 따뜻한 말과 함께 전하면 더 좋겠지? 우리 주변에 어떤 감사할 일이 있을까?

채소나 과일을 먹을 때

우리가 매일 맛있는 채소와 과일을 먹을 수 있는 것은 땀 흘려 일하는 농부들 덕분이야. 추울 때나 더울 때나 열심히 농작물을 키워 주시는 농부들과 상인들에게 "고맙습니다"라고 인사해 보자.

식당에서 음식을 먹을 때

맛있는 음식을 만들어 판매하는 식당에 고마움을 전할 수도 있어. 부모님이 계산을 할 때 옆에서 "맛있게 먹었습니다"라고 말해 보자. 무척 좋아하실 거야.

옷을 입을 때

옷은 많은 사람의 손을 거쳐 만들어져. 원단을 만드는 사람부터 디자인하는 사람, 공장에서 제조하는 사람 그리고 만들어진 상품을 매장으로 운반하는 사람까지 다양한 이들의 노력이 숨어 있지. 티셔츠 한 장에 들어간 많은 사람들의 노력을 떠올리면 예쁜 옷을 입을 수 있다는 사실에 감사한 마음이 자연스럽게 들 거야.

게임을 즐길 때

친구들과 손쉽게 즐기는 게임도 쉽게 만들어지지 않았어. 게임을 기획하는 사람, 그래픽이나 소리를 만드는 사람, 소프트웨어를 코딩하는 사람, 게임 회사의 관리 직원까지 많은 이들이 밤낮없이 일한 덕분에 게임 애플리케이션이 탄생한 거야.

돈 관리법을 배우면 무엇이 좋을까?

더 많은 기회가 생겨

어른이 되어서 갖고 싶은 게 생길 때마다 참지 못하고 바로 사 버린다면 어떻게 될까? 아마 지갑과 통장이 모두 텅텅 비어 버리고 말 거야. 물론 처음에는 별 문제가 되지 않겠지. 다시 돈을 벌면 그만이니까. 하지만 새로운 일을 시작하거나 가정을 꾸리면 상황이 달라져. 돈이 없어서 무언가를 배우고 싶은데 배우지 못할 수도 있고, 집이나 자동차가 필요한데 큰돈이 없어서 사지 못할 수도 있거든. 그때 느끼는 좌절감은 이루 말할 수 없이 커. 지금부터 현명하게 돈을 쓰고 관리하는 방법을 배우면 너의 미래는 훨씬 더 많은 기회와 가능성으로 가득 차게 될 거야.

😢 돈 관리법을 모르면?

사고 싶은 것을 모두 사면서 돈을 다 써 버리면 꼭 필요할 때 어려움을 겪을 수 있어. 혹은 반대로 너무 심하게 아끼고 저축만 해서 지금 현재의 즐거움과 행복을 느끼지 못하며 살 수도 있지.

😊 돈 관리법을 알면?

돈을 잘 관리할 줄 알면 계획에 맞는 소비를 할 수 있어. 지금 하고 싶은 일을 충분히 즐기면서, 때론 미래를 위해 눈앞의 즐거움을 참을 수도 있게 되지.

진짜 내가 원하는 것이 무엇인지 알게 돼

돈을 잘 관리한다는 것은 무조건 저축을 많이 한다는 뜻이 아니야. 소비와 저축의 균형을 잘 맞춘다는 뜻이지. 매월 얼마를 소비하고, 얼마를 저축할지 계획해서 현명하게 돈을 쓰는 게 똑똑한 관리법이야. 너무 갖고 싶어서 덜컥 산 물건이 꼭 필요한 게 아닐 때도 있었지? 돈을 관리할 줄 알면 물건을 사기 전에 정말 필요한 물건인지 신중하게 고민하는 습관이 생겨. 이런 습관이 쌓이다 보면 내가 무엇을 좋아하는지도 알게 될 거야.

😢 돈 관리법을 모르면?

즉흥적으로 물건을 사게 돼. 필요하지 않은데 귀엽고 예뻐서 충동적으로 사서 나중에 처치가 곤란했던 적 있지? 가게에서 봤을 때는 분명 멋졌는데 집에 가져오니 그만큼 반짝이지 않아서 실망한 적도 있을 거야. 쉽게 얻은 거라 소중히 다루지 않아서 금방 망가지기도 하지. 이런 일들이 반복되면 돈을 낭비하는 거야.

😊 돈 관리법을 알면?

정말 갖고 싶은 물건인지, 지금 꼭 필요한 것인지 신중하게 고민한 뒤에 사게 돼. 오랫동안 소중히 여기면서 사용하는 것은 물론이야. 또 한편으로는 진짜 갖고 싶은 게 생기면 그걸 사기 위해 더 열심히 돈을 모으기도 해.

만 19세가 되면 돈을 자유롭게 쓸 수 있어

만 19세가 넘으면 내 이름으로 신용카드를 만들 수 있고, 스마트폰도 개통할 수 있어. 더 이상 부모님이 결제를 대신해 주지 않아도 클릭 한 번으로 이모티콘을 사고 게임 아이템도 살 수 있는 거야. 그런데 소비의 자유가 생길수록 유혹도 커진다는 사실을 명심해야 해.

살아가는 데 꼭 필요한 힘이 생겨

 **계획하는 힘**

용돈을 받으면 무엇을 사고, 얼마를 저축할지 고민하지? 이렇게 돈을 어떻게 사용할지 계획하다 보면 인생도 계획할 수 있어. 공부를 언제 얼마나 할지는 물론이고 목표를 이루기 위해서 필요한 것은 무엇인지 스스로 판단할 수 있게 돼.

2 문제 해결력

부모님이 정해 주신 용돈이나 규칙이 너의 생각과 다를 때도 있을 거야. 그럴 땐 먼저 내가 원하는 건 무엇인지, 부모님은 어떤 생각을 가지고 계시는지 고민해 봐. 그 후 서로를 이해하기 위해 대화를 나누는 게 좋아. 짜증을 내거나 큰 소리를 내지 않으면서 대화로 문제를 해결할 줄 안다면 돈 문제뿐 아니라 친구관계에 문제가 생겼을 때도 도움이 될 거야.

 ### 협상력

학년이 올라가면서 용돈이 부족할 수 있어. 그럴 땐 부모님에게 용돈 인상을 요청해 봐. 그냥 "용돈 올려 주세요"라고 말하기보다 부모님이 납득할 수 있는 이유를 준비해서 말해야 해. 이렇게 서로의 이익을 위해 의견을 나누고 조정하는 것을 협상이라고 하는데, 돈 관리법을 배우면 협상력을 키울 수 있어.

 ### 꼼꼼한 조사 습관

같은 물건이라도 가게마다 가격이 다르기도 해. 하지만 어떤 가게가 더 저렴한지 조사하지 않으면 알 수 없어. 용돈을 아껴 쓰고 잘 관리하다 보면 꼼꼼히 조사하는 습관이 저절로 생길 거야.

 ### 창의력

이렇게나 많은 능력이 생긴다니!

갖고 싶은 것을 용돈으로 도저히 살 수 없을 때가 있을 거야. 그럼 어떻게 하면 돈을 마련할 수 있을지 혹은 그 물건을 대체할 수 있는 것은 무엇일지 떠올리기도 하겠지. 때론 지금 가지고 있는 물건들로 직접 만들어 보기도 할 거야. 이처럼 창의적으로 생각하는 능력을 키우면 인생의 많은 문제를 쉽게 해결하고 다양한 기회를 얻을 수 있어.

나에게 꼭 맞는 돈 관리법 알아보기

다음 1~4번 체크리스트 중 나에게 해당하는 문장에 표시해 봐. 표시된 게 가장 많은 곳이 자신의 소비 유형이야. 만약 표시된 수가 같은 유형이 있다면 두 가지 유형 모두 참고하도록 해.

1번

- ☐ 무슨 일이든 망설이지 않고 바로 시작한다.
- ☐ 갖고 싶은 것과 하고 싶은 일이 많다.
- ☐ 계획 없이도 어떻게든 일을 끝낸다.
- ☐ 새로운 것을 좋아한다.
- ☐ 친구가 많다.

여기에 체크된 항목이 많으면 **26쪽**으로!

2번

- ☐ 혼자보다 다른 사람과 함께 있는 게 더 즐겁다.
- ☐ 친구의 부탁을 거절하기 어렵다.
- ☐ 누군가에게 선물하는 것을 좋아한다.
- ☐ 친구의 의견을 잘 들어주는 편이다.
- ☐ SNS를 자주 본다.

여기에 체크된 항목이 많으면 **27쪽**으로!

3번

- ☐ 생각하는 것을 좋아한다.
- ☐ 오랫동안 배우거나 꾸준히 하는 취미가 있다.
- ☐ 평소 실수하지 않으려고 신경을 많이 쓴다.
- ☐ 실패한 경험도 잊지 않고 기억하려고 한다.
- ☐ 시험을 칠 때면 실수가 없는지 늘 검토한다.

여기에 체크된 항목이 많으면 28쪽으로!

4번

- ☐ 짧은 시간에 집중해서 최대한 많은 숙제를 한다.
- ☐ 스스로 정한 규칙은 꼭 지킨다.
- ☐ 계산을 잘하고 숫자에 강하다.
- ☐ 친구가 없어도 크게 신경 쓰지 않는다.
- ☐ 플래너와 일기 쓰기를 좋아한다.

여기에 체크된 항목이 많으면 29쪽으로!

> 모두가 똑같은 방법을 따를 수는 없어.
> 성격과 성향이 모두 다르듯
> 돈 관리법도 달라야
> 오랫동안 지치지 않고
> 할 수 있거든.

1번 유형의 당신은

이것도 저것도 다 사고 싶은
쇼핑왕

하고 싶은 일이 있으면 일단 도전해 보는 에너지 넘치는 성격! 사고 싶으면 참지 못하고 기분에 따라 돈을 쓰는 편이야.

소비 스타일

⭐ 쇼핑을 좋아해서 가게에 들어가면 뭐라도 사야 해.
⭐ 갖고 싶은 것이 생기면 바로 사 버려서 용돈이 쉽게 부족해져.
⭐ 유행하는 물건이라면 일단 사서 친구들에게 자랑해.
⭐ 물건을 사면 금방 흥미가 떨어져서 정작 필요할 때는 어디에 있는지 찾지 못해.

장점

⭐ 갖고 싶은 것이나 원하는 것이 분명해.
⭐ 돈을 쓸 때 망설임이 없어.
⭐ 항상 에너지가 넘치고 활동적이야.

함께해야 재미있어! 모두를 위해 돈을 쓰는
배려왕

가족이나 친구를 배려하는 친절한 성격! 돈을 쓸 때도 자신의 의견보다 주변 사람들의 의견을 잘 따르는 편이야.

소비 스타일

⭐ 부모님이나 친구의 의견에 따라 돈을 쓸 때가 많아.
⭐ 친구랑 있다가 원하지 않는 물건을 사기도 해.
⭐ SNS에서 인기 있는 물건이라고 해서 따라 사기도 해.
⭐ 선물에 많은 돈을 쓰다 보니 자신을 위해 쓸 돈이 부족할 때도 있어.

장점

⭐ 함께 무엇을 해야 할 때 협조적이야.
⭐ SNS나 친구에게 유용한 정보를 잘 얻어.
⭐ 다른 사람들에게 잘 베풀어서 인기가 많아.

3번 유형의 당신은

갖고 싶은 것을 위해서 참을 줄도 아는
고민왕

곰곰이 생각한 후에 행동하는 신중한 성격! 행동으로 옮기기까지 시간이 걸리지만 공부든 소비든 무엇이든 실수 없이 확실히 하는 편이야.

소비 스타일

- ⭐ 미래에 대한 걱정이 많아서 지금 당장 돈을 잘 쓰지 못해.
- ⭐ 지나치게 망설이다가 사야 할 때를 놓치기도 해.
- ⭐ 갖고 싶은 것이 있어도 참는 경우가 종종 있어.

장점

- ⭐ 원하는 것을 오랜 시간 고민 후 신중하게 결정해.
- ⭐ 무엇이든 꾸준히 노력하는 편이야.
- ⭐ 눈앞에 있는 일에 휘둘리지 않고 먼 미래까지 생각할 수 있어.
- ⭐ 자신의 감정을 중요하게 생각해.

4번 유형의 당신은

돈을 쓰는 것보다 모으는 게 즐거운
절약왕

자신만의 확고한 생각을 가지고 있는 성격! 계획을 세우고 그대로 실천하려고 해서 때론 고집스럽게 보여질 때도 있어.

소비 스타일

⭐ 저축 자체가 목표가 되어 버려 돈을 쉽게 쓰지 못해.
⭐ 다른 사람은 물론 자신을 위해서도 돈을 함부로 쓰지 않아.
⭐ 싼 가격이나 할인 여부에 지나치게 집착해서 사고 싶은 것을 못 살 때도 있어.

장점

⭐ 주관이 뚜렷해.
⭐ 비교하는 능력과 계산 능력이 뛰어나.
⭐ 돈을 잘 모아.
⭐ 절약뿐 아니라 모든 일에 의지가 강해.

소비와 저축을 똑똑하게 하는
균형왕

놀 땐 확실히 놀고 공부할 땐 집중해서 하는 야무진 성격! 언제 돈을 써야 할지, 얼마나 저축을 해야 할지 정확하게 판단하고 행동하는 편이야.

소비 스타일

- ☆ 먼저 계획을 세운 후 돈을 어떻게 쓸지 결정해.
- ☆ 목표를 달성할 때까지 돈을 낭비하지 않으려고 노력해.
- ☆ 가끔 불필요한 지출을 할 때도 있지만 모으는 돈과 균형을 맞출 줄 알아.
- ☆ 미래는 물론 현재의 즐거움을 위해 돈을 쓰거나 저축할 줄 알아.

장점

- ☆ 돈을 쓰는 것도, 모으는 것도 능숙해.
- ☆ 상황에 맞게 필요한 돈을 쓸 수 있어.
- ☆ 미래에 대한 계획을 언제나 지니고 있어.
- ☆ 공부도 놀이도 게을리하지 않아.

돈은 어떻게 사용될까?

돈을 사용하는 방법은 소비와 저축만 있는 게 아니야. 어른이 되면 더욱 다양한 방법으로 돈을 사용할 수 있어. 어떤 것이 있는지 알아보자.

1 쓰기

필요한 것이나 갖고 싶은 물건을 사기 위해 돈을 내는 것으로 가장 기본적인 사용법이야. 어른이 되면 물건뿐 아니라 세금이나 기부를 위해 돈을 쓰기도 해.

2 모으기

비싼 물건을 사기 위해 돈을 쓰지 않고 일단 모아 둘 수도 있어. 꼭 어떤 물건을 사겠다고 정하지 않았더라도 혹시 모를 나중을 위해 저축하기도 하지. 은행에 돈을 맡기는 것이 대표적인 방법이야. 부자가 되기 위해서는 일단 돈을 잘 모으는 일부터 시작해야 해.

3 대비하기

지금부터 알아두면 어른이 되어서 큰 도움이 될 거야.

모으기와 비슷하지만, 나중에 꼭 필요한 일이 생겼을 때를 위해 돈을 따로 모아 두는 일을 뜻해. 갑자기 다치거나 병에 걸렸을 때를 대비해서 보험에 가입하는 것이 그 예야.

 ## 굴리기

지금 가지고 있는 돈으로 나중에 더 많은 돈을 벌기 위한 행동을 하는 거야. 흔히 재테크 혹은 투자라고 해. 주식이나 금을 사거나 가치가 낮게 평가된 물건을 싼 가격에 사서 시간을 견디는 게 대표적이야. 하지만 투자가 항상 돈을 불려 주는 것은 아니야. 잘못하면 원금까지 잃기도 해.

 ## 빌리기

일시적으로 돈이 부족할 때는 은행의 대출이나 신용카드 후결제 서비스 등을 통해 필요한 돈을 빌릴 수 있어. 다만 빌린 돈은 반드시 갚아야 한다는 점을 명심해야 해. 또한 돈을 빌렸다가 갚을 때는 이자라는 일정한 빚이 붙는다는 사실도 잊지 마.

6 벌기

심부름을 해서 용돈을 벌듯이 어른이 되면 본격적으로 일을 해서 돈을 벌 수 있어. 지금은 부모님이 벌어 오신 돈을 용돈으로 받아 쓰지만, 어른이 되면 반드시 스스로 일을 해야 돈을 마련할 수 있어. 그 돈을 쓰고, 모으고, 대비하고, 굴리면서 가지고 있는 돈의 크기를 키워 나가는 거야.

더 알아보기

돈은 어디서 만들어질까?

돈이 어떻게 만들어지는지 알고 있어? 돈을 발행하고 유통하는 곳과 실제로 만드는 곳은 달라. 여기서 그 차이를 정확히 알고 넘어가자.

돈을 발행·유통하는 곳? 한국은행

우리나라의 지폐와 동전은 중앙은행인 한국은행에서 발행해. 중앙은행은 그 나라의 경제와 금융 시스템을 관리하는 가장 높은 은행을 뜻해. 어떤 종류의 돈을 얼마나 만들지 결정하는 역할을 하는 거야. 예를 들어 시장에 돈이 부족하면 돈을 더 많이 발행하고, 너무 많은 돈이 돌면 적게 발행해. 다만 한국은행에서 직접 돈을 만드는 것은 아니야. 한국은행은 돈을 발행하겠다는 결정만 하고, 실제로 돈을 만드는 일은 다른 곳에서 해.

▷ 한국은행

돈을 만드는 곳? 한국조폐공사

한국조폐공사에서는 지폐와 동전의 디자인부터 위조를 방지하기 위한 보안 기술까지 모두 도맡아서 돈을 제작해. 만 원짜리 지폐에서 반짝이는 홀로그램을 본 적 있어? 그건 돈을 위조해서 사용하는 범죄를 방지하기 위해 한국조폐공사에서 만든 장치야. 또 특수 잉크나 특수 종이를 사용하기도 하지. 한국조폐공사에서 만들어진 지폐와 동전은 모두 한국은행으로 보내져. 한국은행은 이 돈을 각 은행과 금융기관에 나누어 줘서 돈이 시중에 유통되도록 하는 거야.

돈을 유통하는 곳은 한국은행
돈을 만드는 곳은 한국조폐공사

▷ 한국조폐공사

2장

돈, 어떻게 써야 할까?

부모님이 돈을 내 주실 때

아직은 물건을 살 때 부모님이 대신 돈을 내 주시는 경우가 많을 거야. 부모님과 함께 외출했다가 물건을 사는 상황을 함께 생각해 보자. 내 용돈이 아니니까 무조건 사는 게 좋을까?

쇼핑왕이라면 이럴걸?

갖고 싶다는 마음이 진짜일까?

쇼핑왕은 갖고 싶다는 마음만으로 물건을 사는 스타일이야. 그런데 단순히 갖고 싶다는 마음만으로 무언가를 사서는 안 돼. 가격은 얼마인지, 그 돈으로 살 수 있는 다른 것은 무엇인지 등을 고려해야 하지. 또 갖고 싶다는 마음이 진짜인지도 고민해 보는 게 좋아. 예쁘고 좋아 보인다는 생각과 갖고 싶다는 마음을 구분할 수 있어야 해.

배려왕

갖고 싶은 물건이 있어도 먼저 말하지 않는 성격이야. 부모님이 "갖고 싶은 거 없어?"라고 물어보면 그제야 조심스럽게 대답하곤 하지. 말하지 않으면 뭐가 필요한지 모르니까 필요 없는 물건을 부모님이 사 주실 때도 있어. 평소 갖고 싶은 물건이 있다면 왜 갖고 싶은지, 필요한 이유는 무엇인지 생각해 보고 자연스럽게 표현하는 연습을 해 보자.

고민왕

부모님이 사 주신다고 해도 필요 없다고 하거나 자기 용돈으로 살 수 있으니 괜찮다고 말하는 유형이야. 부모님 돈이라고 해도 우리 가족이 함께 쓰는 돈이라는 것을 알고 있기 때문이지. 여기서 멈추지 말고 소비를 줄여서 어떤 생산적인 일을 할 수 있는지까지 생각해 보면 더 좋아.

절약왕

아무리 부모님이 사 주시는 거라 해도 돈 쓰는 것 자체를 아까워하는 유형이야. 하지만 살다 보면 그 순간에만 살 수 있는 특별한 물건이나, 할 수 있는 경험이 있는 법이야. 너무 아끼다가 그런 소중한 기회를 놓치지 않도록 조심하자.

쓸모 있는 경제 상식 — 대략적인 물건의 가격을 미리 알아 두자

같은 과자라도 집 근처 수퍼마켓에서 살 때보다 편의점에서 살 때 가격이 더 비싸. 대형마트에서의 가격도 다르지. 그렇기 때문에 평소에 자주 구매하는 물건의 일반적인 가격을 알고 있으면 똑똑한 소비를 할 수 있어. 다음은 초등학생이 쓰거나 사 먹는 물건들의 대략적인 가격이니 참고해 보자.

실제로 마트나 가게에 가서 물건의 가격을 조사해 보는건 어때?

책가방 … 100,000원
셔츠 … 30,000원
바지 … 45,000원
모자 … 15,000원
신발 … 80,000원

볼펜 … 2,000원
연필 … 500원
지우개 … 1,000원
노트 … 1,500원
문제집 … 15,000원

1리터 우유 … 3,000원
조각 케이크 … 5,000원
아이스크림 … 1,000원
봉지 과자 … 2,000원
떡볶이 … 3,000원

※ 여기서 소개하는 일반적인 가격은 한국소비자원에서 제공하는 참가격 정보를 참고하여 편집부에서 독자적으로 조사한 가격입니다.

 **쓸모 있는 경제 상식**

돈을 내야 하는 것에는 이런 것도 있어

전기도 공짜가 아니었구나!

매번 쓸 때마다 돈을 내지 않으니까 전기와 물을 무료라고 생각할 수도 있지만, 실은 부모님이 한 달에 한 번, 그 달에 쓴 전기 요금과 수도 요금을 내고 있어. 이처럼 쓸 때마다 돈을 내지 않고 몰아서 내는 것들은 쓸 때는 느끼지 못했다가 요금을 낼 때 "이번 달에는 너무 많이 썼구나!" 하고 반성하게 되지. 이와 같은 것들은 또 뭐가 있을까?

물

목욕하고 설거지하고 빨래할 때 쓰는 물은 사용한 만큼 요금을 내야 해. 지역의 수도를 관리하는 수도사업소가 각 가정에서 사용한 물의 양을 확인하고 요금을 청구하지. 그러니까 양치를 할 때 물을 틀어 놓는 습관부터 고쳐 볼까?

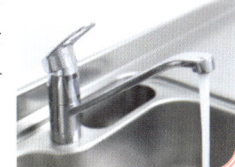

급식

학교에서 먹는 급식을 요리하기 위해서는 돈이 들어. 우리나라에서는 전국의 모든 초·중·고등학교에서 무상 급식을 시행하고 있어서 실제로 내는 돈은 없어. 하지만 급식은 부모님이 내는 세금으로 마련된다는 사실을 잊지 마!

구급차

나라에서 운영하는 119구급차는 우리나라 국민이라면 누구나 응급 상황에서 무료로 이용할 수 있어. 국민의 세금으로 운영되기 때문이지. 응급상황이 아닌 경우에는 민간 구급차를 이용해야 하고 이 경우에는 비용이 발생해.

공원

△△월드, ○○랜드 등의 놀이공원은 돈을 내고 들어가는데, 집 근처 공원이나 놀이터는 어째서 돈을 내지 않을까? 역시 우리가 낸 세금으로 운영하기 때문이야. 입장료는 없지만 이미 돈을 낸 셈인 거지.

 **가격은 어떻게 결정될까?**

물건에 일반적인 가격이 있다는 것과 어떤 것은 쓸 때마다 돈을 내는 게 아니라 한꺼번에 몰아서 내는 경우도 있다는 것을 알았지? 그럼 이제 물건이나 서비스의 가격이 어떻게 결정되는지 알아보자. 가격을 결정하기 위해서는 원가 및 수요와 공급을 고려해야 해. 지금부터 각각을 하나씩 살펴볼게.

① 수요와 공급

팔고 싶은 사람과 사고 싶은 사람

가격을 결정하는 요소 중에서 가장 중요한 것은 수요와 공급이야. 수요는 그 물건을 사고 싶다는 욕구이고, 공급은 그 물건을 팔고 싶다는 욕구야. 수요와 공급의 균형에 따라 물건의 가격이 결정돼. 예를 들어 물건을 사려는 사람이 많으면 가격이 오르고, 사려는 사람이 적으면 가격이 낮아져. 그러다가 수요와 공급 사이 균형이 생기면, 사려는 사람과 팔려는 사람 모두가 인정할 수 있는 적절한 가격이 형성되는 거야.

⭐ 수요가 적고 공급이 많을 때
→ 가격이 낮아진다

⭐ 수요가 많고 공급이 적을 때
→ 가격이 높아진다

② 원가

물건을 만드는 데 든 돈

어떤 물건을 만들려면 재료비뿐만 아니라, 그 물건을 만드는 사람에게 지급하는 인건비와 만들어진 물건을 운반하는 운반비 등 여러 가지 비용이 들어. 이런 모든 비용을 원가라고 해. 만약 원가보다 낮은 가격으로 물건을 판다면 이익이 남지 않아서 물건을 계속 생산할 수 없을 거야. 그래서 물건을 팔 때는 만들 때 든 돈보다 높은 가격으로 정하지.

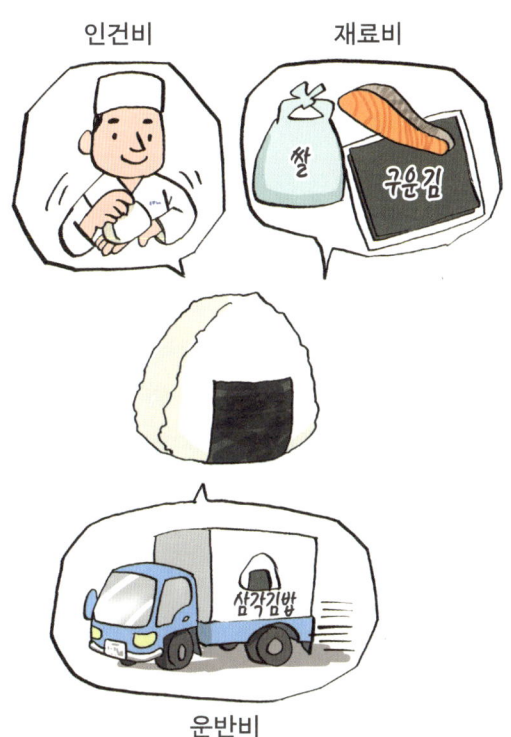

같은 물건이라도 가격이 다른 이유

같은 상품이어도 판매하는 장소나 시기에 따라 가격이 달라지곤 해. 예를 들면 토요일이나 일요일과 같은 주말에는 호텔 숙박비와 놀이공원 입장료가 비싸져. 사람들의 수요가 늘어나기 때문이야. 수요가 늘어나도 당장 호텔을 더 짓거나 놀이공원을 더 지을 수 없으니 가격을 올려도 사람들은 이용할 수밖에 없는 거야.

음료수 자판기가 어디에 있느냐에 따라서도 가격은 달라. 같은 음료수라도 산 정상에서 판매하는 음료수는 더 비싸지. 집 근처에서는 음료수를 판매하는 곳이 자판기 말고도 여러 군데가 있지만 산 정상에서는 자판기 딱 하나뿐이고, 등산을 하고 나서는 목도 더 말라서 음료수를 원하는 수요가 많기 때문이지. 또 차가 다니지 않는 산길이라 물건을 운반하기 힘들고, 많은 수량을 나르기도 어려워. 더 많은 비용이 들어서 원가가 높아질 수밖에 없는 거야.

예정에 없던 소비를 해야 할 때

친구랑 만나서 놀다가 갑자기 친구가 "이거 나랑 같이 사자!"라고 해서 계획에 없던 물건을 사 본 적 있어? 이럴 때 똑똑하게 소비하려면 어떻게 해야 하는지 알아보자.

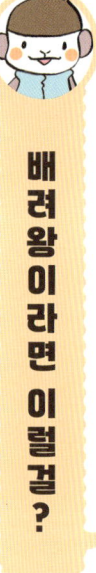

나에게 가치가 있는지 생각해 봐

친구가 어떤 물건을 사길 권한다면 사야 할까, 사지 말아야 할까? 그 물건이 정말 갖고 싶은 물건인지 스스로 판단하는 게 먼저야. 같은 물건을 사는 게 우정을 더욱 돈독하게 만들어 준다고 생각할 수도 있지만 그렇게 만든 우정은 단단하지 않아. 돈은 내가 진짜 원하는 곳에 쓸 때 가치를 발휘해. 예정에 없던 갑작스러운 소비를 하게 될 때는 "이게 나에게 정말 의미 있는 소비일까?"라고 고민해 봐야 해.

 **쇼핑왕**

분위기에 휩쓸려 물건을 샀다가 나중에 "별로 필요한 물건은 아니었는데…" 하고 후회하는 경우가 많아. 가지고 있는 물건 중에서 돈 낭비라고 생각했던 것과 만족스럽게 잘 사용하고 있는 것의 차이점이 무엇인지 한번 생각해 봐.

 **고민왕**

"이걸 사는 게 좋을까?" 하고 고민하다가 결국 기회를 놓쳐 버리는 경우가 많아. 나중에는 사고 싶어도 살 수 없어서 후회하기도 하지. 나에게 가치 있는 것에는 과감하게 돈을 쓰는 연습을 조금씩 해 보자.

 **절약왕**

친구들이 다 사는 물건도 돈이 아까워서 웬만하면 잘 사지 않는 성향이야. 절약도 중요하지만 가끔은 친구들과 좋은 추억을 만들기 위해 돈을 쓰는 것도 의미가 있다는 것을 기억해.

소비와 낭비의 차이는 무엇일까?

돈을 쓰는 행위는 소비라고 해. 그런데 때론 소비가 과해지면 낭비가 되기도 해. 더 구체적으로 소비는 우리가 생활하는 데 꼭 필요한 것에 돈을 쓰는 일이지만, 낭비는 별로 필요하지 않은 것까지 돈을 쓰는 일을 뜻하지. 두 가지의 차이를 잘 구분하면 좋겠어.

① 소비
나에게 가치가 있는 것에 쓰는 돈

소비란 지금 나에게 필요한 것이나 만족감을 주는 일에 돈을 쓰는 거야. 예를 들면 배가 고플 때 맛있는 과자를 사 먹으면 소비야. 소중한 사람에게 생일 선물을 주고 기뻐하는 모습을 보는 일도 소비지. 돈을 쓴 만큼의 가치가 있다고 느낄 때 제대로 된 소비인 거야. 입을 옷을 사는 의류비, 스마트폰을 사용하고 내는 통신비, 편안하게 쉴 수 있는 집을 마련하는 데 드는 주거비 등 생활에 꼭 필요한 돈을 쓰는 것도 모두 소비에 포함돼.

② 낭비

만족감 없이 필요 이상으로 쓰는 돈

반면 낭비는 나에게 필요하지 않은 물건을 사거나 물건을 사더라도 만족을 느끼지 못하는 소비를 뜻해. 집에 펜이 많은데도 그저 예쁘다는 이유만으로 펜을 샀다가 쓰지 않는 경우가 바로 그 예야. 잉크가 한참 남은 같은 색깔의 펜이 책상 서랍에 많이 있다면 낭비를 하고 있는 것은 아닌지 점검해 봐야 해.

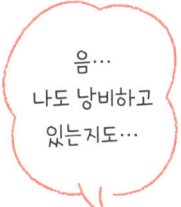

낭비 습관 체크하기

낭비하는 습관은 한번 생기면 어른이 되어서도 고치기 어려워. 아래 항목 중 두 가지 이상 해당한다면 주의가 필요해!

- ☐ 물건을 사는 것 자체가 즐겁다.
- ☐ '세일', '한정판'이라는 단어를 보면 나도 모르게 두근거린다.
- ☐ 다이소에 갔다가 아무것도 안 사면 뭔가 아쉬운 느낌이 든다.
- ☐ 친구가 가지고 있는 물건을 보면 따라 사고 싶다.
- ☐ 돈을 얼마나 썼는지 모를 때가 가끔 있다.

미래를 위한 소비는 낭비가 아닌 투자

투자는 나중에 더 큰 가치로 돌려받기 위해 지금 있는 돈으로 하는 모든 활동이야. 미래의 내가 더 가치 있는 사람이 되도록 나에게 돈을 쓰는 행위도 투자에 속하지. 그런 걸 '자기 투자'라고 말해. 영어나 일본어 등 무언가를 배우기 위해 쓰는 학원비, 더 똑똑한 사람이 되기 위해 쓰는 도서 구입비, 미래에 아프지 않고 건강하기 위해 쓰는 병원검진비 등이 그런 거야.

갑자기 큰돈이 생겼을 때

설날에 세배를 하고 세뱃돈을 받은 적 있지? 큰 용돈이 생겼을 때 어떻게 하면 좋을까? 그동안 갖고 싶었던 것을 모두 살까? 아니면 나중을 위해 저축을 해야 할까?

고민왕이라면 이럴 걸?

필요한 것과 갖고 싶은 것을 구분해 봐

모으는 것 못지않게 쓰는 것도 똑똑하게 할 줄 알아야 해. 평소 '필요한 것'과 '갖고 싶은 것'을 구분하는 연습을 하면 용돈을 관리하는 데 도움이 돼. 예를 들어 부모님에게 정기적으로 받는 용돈으로는 꼭 필요한 물건을 사고, 용돈 외에 예상치 못한 돈이 생기면 갖고 싶었던 물건을 사는 식으로 정해 두는 거야.

쇼핑왕

갖고 싶은 게 워낙 많고 쇼핑을 좋아해서 예상치 못한 돈이 생기면 마치 물 처럼 돈을 써 버리는 유형이야. 저축은 커녕 필요한 것을 살 돈이 모자라는 경우도 다반사야. 평소에 필요한 것과 갖고 싶은 것을 구분하는 습관을 들여야 해.

배려왕

큰돈이 생기면 친구에게 평소보다 비싼 선물을 사 주는 경우가 종종 있어. 친구가 좋아할 거라고 생각해서 그런 거지만 오히려 친구는 부담스러울지도 몰라. 예상치 못한 돈이 생기면 나 자신을 위해 쓴다는 규칙을 정해 두는 게 좋아.

절약왕

돈이 생기면 무조건 저축만이 답이라고 생각하는 유형이야. 꼭 필요한 곳에 적당히 돈을 쓰는 연습이 필요해. 예를 들어 10만 원이라는 큰돈이 생겼다면 7만 원은 저축을 하고 3만 원은 그동안 필요했던 것을 산다는 식으로 계획을 세워 보자.

헷갈리는 소비 욕구 알아보기

필요한 것과 갖고 싶은 것을 구분하는 법을 좀 더 쉽게 알려 줄게. 꼭 필요한 물건을 사고 싶은 마음은 영어로 '니즈(needs)'라고 표현해. 필요하고, 해야 할 이유가 있다는 뜻이지. 반면 그냥 좋아 보여서 물건을 사고 싶은 마음은 '원츠(wants)'라고 표현해. 원하고, 하고 싶다는 뜻이야. 두 단어의 미묘하게 다른 뉘앙스를 알겠어?

니즈가 채워지면 원츠로 넘어가자!

무언가를 살 때는 꼭 필요한 물건(니즈)을 먼저 사고, 그다음에 갖고 싶은 물건(원츠)을 사는 게 좋아. 니즈에 속하는 물건은 학교에서 사용하는 연필이나 지우개, 매일 신는 신발처럼 생활하는 데 꼭 필요한 것들이야. 반면 원츠에 속하는 물건은 게임 아이템나 만화책, 장난감처럼 꼭 필요하지는 않지만 갖고 싶은 것들이지. 돈을 쓸 때는 필요한 물건부터 먼저 사야 불필요한 지출을 줄일 수 있고, 나아가 나중에 돈이 없어서 곤란한 일이 생기는 것을 피할 수 있어.

⭐ 니즈 = 꼭 필요한 물건

⭐ 원츠 = 갖고 싶은 물건

정말 필요한 물건인지 알아보는 질문들

먼저 평소 갖고 싶었던 물건의 목록을 만들어 봐. 그다음 각각의 물건이 아래 질문에 해당하는지 확인해 봐. 체크된 항목이 많으면 니즈, 적으면 원츠라고 할 수 있어.

- ☐ 학교에서 사용하는 물건이다.
- ☐ 지금 당장 필요한 물건이다.
- ☐ 같은 물건을 가지고 있지 않다.
- ☐ 그 물건을 대신할 만한 것이 없다.
- ☐ 망가질 때까지 사용할 수 있다.
- ☐ 일주일이 지나도 갖고 싶다는 생각이 든다.
- ☐ 나의 미래에 도움이 되는 물건이다.

여기서 잠깐, 퀴즈!

다음은 니즈인지 원츠인지 함께 생각해 볼까?

☆ SNS에서 핫한 펜을 발견했다. 필통에 비슷한 펜이 있지만, 똑같진 않잖아? 인싸가 되려면 무조건 구매해야지!

☐ 니즈 ☐ 원츠

☆ 친구랑 밖에서 놀고 있는데 물통에 가져왔던 물을 다 마셔 버렸다. 편의점에 가서 시원한 음료수를 사 먹을래!

☐ 니즈 ☐ 원츠

갖고 싶은 물건을 사는 게 나쁜 건 아니야.
가지고 있는 돈은 한정되어 있고
갖고 싶은 건 계속 생겨나서 문제인 거지.
갖고 싶은 물건의 우선순위를 정해 봐.
우선순위가 높은 물건을 먼저 사는 습관을 들이는 거야.

용돈 카드로 물건을 살 때

요즘 대부분의 어린이들은 용돈 카드를 가지고 있을 거야. 현금을 들고 다니지 않아도 되니까 무척 편리하지. 카드를 사용할 때도 주의할 점이 있을까? 소비 유형에 따라 어떤 점을 조심해야 하는지 알아보자.

절약왕이라면 이럴걸?

비현금 결제를 주의하자

지폐나 동전과 같은 현금을 사용하지 않고 데이터화된 돈을 사용하는 것을 비현금 결제라고 해. 즉, 물건을 사는 사람과 파는 사람 사이에 직접 돈이 오가는 게 아니라 '결제되었다는 정보'가 교환되는 방식이지. 신용카드, 체크카드, 상품권, 기프트카드, 티머니뿐만 아니라 너희들이 사용하는 용돈 카드도 비현금 결제 중 하나야. 비현금 결제는 편리하지만 돈을 얼마나 썼는지 체감하기 어려워서 조심해야 해. 또한 돈을 쓰면 포인트를 적립해 준다는 말에 낭비하지 않도록 주의해야 해.

쇼핑왕

조그마한 플라스틱 카드를 리더기에 꽂기만 하면 쉽게 결제가 이루어지다 보니 평소보다 돈을 많이 쓰기 쉬운 유형이야. 이 유형에게는 현금 사용을 추천해. 돈을 꺼내고, 건네고, 거스름돈을 받는 과정이 번거로워도 불필요한 지출을 막아 줄 거야.

배려왕

돈이 없다는 친구의 말에 돈을 빌려주고 나중에 빌려 간 돈을 갚으라는 말을 잘 못하는 성격이야. 요즘 용돈 카드는 앱과 연동이 되어 있어서 지출을 하면 항목을 기입할 수 있어. 결제를 대신해 주었을 땐 그 자리에서 '하영이 과자 값'이라는 식으로 적어 두면 좋아.

고민왕

돈이 사라지는 걸 알아차리기 어려운 비현금 결제는 잘 사용하지 않는 유형이야. 무겁지만 지갑에 동전도 수십 개씩 가지고 다니지. 하지만 잘만 사용하면 편리한 점도 많으니 비현금 결제의 사용법과 장단점을 미리 공부해 두도록 하자.

비현금 결제는 언제 돈이 빠져나갈까?

부자가 되려면 지금부터 공부해야 해!

직접 돈이 오고가지 않는 비현금 결제는 돈이 언제 빠져나갈까? 돈이 나가는 시점은 선결제, 즉시 결제, 후결제로 나눌 수 있어. 각각의 방식마다 편리한 점과 주의할 점이 다르니까 지금부터 특징을 알아 두면 어른이 되어서 도움이 될 거야.

선결제? 후결제? 돈을 내는 시점의 차이

'선결제'는 미리 돈을 내는 것을 말해. 카드에 돈이 충전되어 있는 티머니 카드가 대표적이야. '즉시 결제'는 물건을 사자마자 돈이 빠져 나가는 것을 말하는데, 체크카드를 비롯해서 용돈카드가 여기에 속해. '후결제'는 물건을 사고 돈은 나중에 내는 방식이야. 신용카드가 대표적이지. 비현금 결제는 잘만 사용하면 현금을 사용하는 것보다 아주 편리해. 각각 필요한 카드나 앱이 다르기 때문에 부모님과 상의해 보고 자신에게 맞는 방식을 선택해 보자.

비현금 결제의 단점

비현금 결제는 편리하지만 주의해야 할 점도 있어!
⭐ 돈을 쓴다는 느낌이 적어서 과소비하기 쉽다.
⭐ 결제 시스템(단말기, 인터넷 등)이 없는 곳에서는 사용할 수 없다.
⭐ 정전이나 시스템 장애가 발생하면 사용할 수 없다.

돈을 내는 시점에 따른 3가지 결제 수단

선불카드

사용할 때마다 미리 충전해 둔 금액에서 돈이 빠져나가는 선결제 방식이야. 교통 관련 기업에서 서비스하는 선불 교통카드(티머니, 이즐, 레일플러스 등)가 그 예야. 스타벅스 카드, 구글플레이 기프트카드 등 특정 유통업체에서 발행하는 선불카드도 있어. 문화상품권이나 백화점 상품권도 선결제 방식에 포함돼.

체크카드

체크카드와 신용카드의 차이점을 알고 있어? 체크카드는 즉시 결제 방식이야. 결제와 동시에 은행 계좌에서 돈이 빠져나가는 거지. 그래서 은행 계좌에 돈이 없으면 사용할 수 없어. 우리나라에서는 만 12세 이상(단, 만 14세 미만은 부모나 법정 대리인의 동의 필요)부터 체크카드를 발급받을 수 있어.

신용카드

신용카드는 미리 결제하고 나중에 돈을 갚는 후결제 방식이야. 일종의 빚인 거지. 돈을 갚을 때는 할부라는 제도를 통해 사용한 금액을 여러 달에 걸쳐 나누어 낼 수도 있어. 물론 이때는 돈을 늦게 내는 만큼 이자가 붙어. 그래서 신용카드를 발급받으려면 심사를 받아야 해. 돈을 갚을 능력이 있는 사람인지 알아보고 그 기준을 통과한 사람에게만 신용카드를 발급해 주는 거지.

스마트 페이란?

부모님이 카드를 들고 다니지 않고 스마트폰으로 결제하는 모습을 본 적 있을 거야. 스마트폰을 이용한 결제 방식은 스마트 페이라고 불러. 대표적으로 네이버페이나 카카오페이 등의 QR코드 방식, 애플페이나 삼성페이와 같은 비접촉 방식이 있지. 이때도 스마트폰 앱에 미리 설정해 둔 방식에 따라 선결제, 즉시 결제, 후결제 방식을 선택할 수 있어.

SNS에서 물건을 사고판다고?

포토카드나 연예인 굿즈를 사기 위해 요즘은 초등학생도 중고거래를 많이 해. 그런데 물건을 받기 전에 판매자가 먼저 돈을 입금해 달라고 하면 어떻게 해야 할까? 혹은 게임이나 SNS에서 알게 된 사람이 어떤 물건을 싸게 팔겠다고 연락해 온다면?

돈 거래를 하기 전 반드시 부모님과 상의해야 해

돈은 그 가치가 크고 중요한 만큼 다양한 문제가 생기기 쉬워. 범죄로 이어질 위험도 있지. 인터넷상에서 친절한 말투만 보고 상대를 믿어선 안 되는 이유야. 요즘은 SNS를 통해 모르는 사람과 연락을 주고받을 수 있어서 더욱 조심해야 해. 돈 거래를 하기 전에는 반드시 부모님과 상의하자.

배려왕

친구가 "나중에 갚을 테니까 먼저 돈 좀 내 줘"라고 말하면 대신 돈을 쉽게 내는 유형이야. 하지만 아무리 친한 친구라도 돈 거래는 하지 않는 것이 좋아. 우정에 금이 가게 만드는 원인이 되기도 하거든. 그 자리에서 거절하기가 어렵다면 나중에라도 부모님과 상의해 보자.

고민왕

걱정이 많아서 문제가 생길 것 같은 일은 아예 피하는 성격이라 다행히 모르는 사람은 물론 친구 사이에도 돈 거래를 하지 않아. 다만 친구가 돈을 빌려 달라고 할 경우, 현명하게 거절하는 방법을 충분히 연습해 두면 돈도, 우정도 지킬 수 있을 거야.

절약왕

"할인 판매합니다!", "1+1 판매"와 같은 광고에 쉽게 혹하는 유형이야. 싸다는 사실에 인터넷상의 믿을 수 없는 판매처에서 물건을 사기 쉬워. 잘못된 물건을 사면, 결국 다시 사야 하니 두 배의 지출이 생기는 셈이라는 걸 명심하자. 안전한 '공식 판매처'를 이용하는 것도 방법이야.

 ## 돈 관리는 왜 중요할까?

꼭 필요할 때 돈이 없으면 다급한 마음이 생겨서 잘못된 행동을 저지를 수 있어. 돈이 많아도 잘못된 행동을 할 위험이 있어. 사람의 욕심은 끝이 없어서 점점 더 많은 돈을 탐할 수 있거든. 따라서 어려서부터 돈을 제대로 관리하는 방법을 배워야 해. 돈의 중요성과 소중함을 깨닫고 올바른 방법으로 돈을 불려 나가야 해.

위험으로부터 나를 지킬 수 있어

내 용돈이라고 마음대로 쓰다 보면 친구에게 돈을 빌려주었다가 돌려받지 못할 수 있어. 또 게임에 빠져 유료 아이템을 사는 현질을 계속하다 보면 용돈으로 감당하기 어려운 만큼의 요금 폭탄을 맞을 수도 있지. 친구와 영상 통화를 몇 시간씩 해서 핸드폰 요금이 엄청나게 나오는 경우도 있어. 돈 관리를 배우는 것은 이런 위험으로부터 나를 지키는 방법인 거야.

돈 관리하는 방법을 모른 채 어른이 된다면

돈을 쉽게 벌 수 있다는 말에 속아 제대로 알아보지도 않고 한 번에 큰돈을 쏟아부었다가 큰 손해를 볼 수도 있어. 자신의 성향에 맞춰 돈을 규모 있게 관리할 줄 알게 되면 성인이 되어서도 이러한 실패를 피해갈 수 있지. 어릴 때부터 스스로 용돈 관리하는 연습을 해야 하는 이유야.

 ## 돈을 바라보는 올바른 가치관도 배워야 해

돈을 배울 때는 단지 경제적인 지식뿐 아니라 돈에 대한 올바른 가치관도 함께 배워야 해. 돈을 둘러싸고 우리가 선택하는 행동의 옳고 그름을 가르는 기준 말이야. 돈을 바라보는 올바른 가치관이 없으면 바람직한 경제생활을 할 수 없어. 예를 들어 어떤 방법이든 돈만 많이 벌면 된다고 생각하면 서로 간의 믿음이 깨져서 가족이나 친구를 잃을 수도 있어.

 ## 돈을 쓰기 전 꼭 확인해야 할 질문들

돈을 사용하기 전에 다음 질문을 스스로에게 해 보자. 돈과 관련된 문제에 휘말릴 가능성이 줄어들 거야.

- ☐ 지금 구매하려는 곳이 믿을 만한 곳인가?
- ☐ 용돈으로 사는 것인가?
- ☐ 허락 없이 부모님의 돈이나 물건을 쓰는 것은 아닌가?
- ☐ 지금까지 돈을 얼마나 썼는지 확인했는가?
- ☐ 돈을 빌려주려고 하는가?
- ☐ 돈을 빌리려고 하는가?
- ☐ 친구나 SNS로부터 얻은 정보가 정확한 것인지 확인했는가?
- ☐ 친구에게 무리한 부탁을 받은 것은 아닌가?

돈은 믿음을 바탕으로 사용해야 해. 내가 돈을 대하는 태도부터 점검해 보자.

1372 소비자상담센터

만약 잘못된 판단이나 행동으로 인해 금전적 피해를 입었다면 '1372 소비자상담센터'에 연락해 도움을 받을 수 있어. 한국소비자원과 여러 소비자단체, 자치단체들이 참여해서 각종 피해 상담과 분쟁을 해결해 주는 곳이야. 전화나 인터넷으로 상담이 가능하니까 편한 방법으로 신청하면 돼.

☆ 전화상담: 국번 없이 1372 ☆ 인터넷 상담: www.1372.go.kr

돈에 대해 잘 모르면 생기는 문제들

실제로 돈과 관련해서 발생하는 문제는 무엇이 있는지 살펴보자. 구체적인 사례를 보고 나면 더욱 조심할 수 있을 거야.

허세를 부리다가 맞은 요금 폭탄

평소 복돌이는 게임을 좋아해. 복돌이가 게임에 시간과 돈을 많이 쓰는 모습을 보고, 부모님은 복돌이와 합의해서 한 달 용돈에서 5,000원까지만 아이템을 사기로 약속했지. 그런데 친구들과 게임을 하다가 복돌이의 기분이 너무 좋았던 거야. "그까짓 거 내가 아이템 사 줄게!" 하며 큰소리를 치게 된 거지. 결과는 어떻게 되었을까? 그 달의 핸드폰 요금은 3만 원의 추가 요금이 부과되었고, 복돌이는 부모님에게 크게 혼이 나고 말았어.

나복돌

기분 따라 돈을 쓰면 안 돼

계획적인 사용이 기본!

어른이든 아이든 돈을 빌리거나 빌려주는 것은 항상 조심해야 해. 상대방에게 무언가를 사 주는 행동도 마찬가지야. 아무리 적은 금액이라도 돈 거래는 되도록 하지 않는 것이 좋아. 또한 기분에 따라 돈을 쓰는 습관이 있다면 고쳐야 해.

무료라는 말에 홀려 유출된 개인정보

판다짱의 취미는 핸드폰의 배경화면을 예쁜 사진으로 바꾸고 서체도 바꾸면서 노는 거야. 그러면 마치 새로운 핸드폰이 된 거 같아서 기분이 좋았거든. 무료라고 써 있는 서체와 앱을 구경하면서 여러 아이템을 내려받았지. 그야말로 "무료니까!" 그런데 어느 순간부터 스팸 문자와 전화가 너무 많이 오는 것 같았어. 한번은 학원에 있는데 스팸 전화가 자꾸 와서 통화 거부를 누르느라 바쁠 지경이었다니까.

돈을 내지 않는 대신 개인정보를 판 셈이구나.

무료라는 말을 의심하자

정말 무료일까?

무료로 제공되는 서비스에는 그만한 이유가 있는 법이야. 보고 싶지 않은 광고를 많이 봐야 할 때도 있지. 개인정보를 꼭 등록해야만 이용할 수 있는 서비스도 있고 말이야. 그럴 경우 개인정보가 제대로 관리되지 않아 원치 않는 곳에 유출될 가능성이 있어. 간혹 개인정보를 다른 마케팅 목적으로 사용하기도 해서 광고 전화를 많이 받게 되기도 해. 무료라는 말에 현혹되지 말고 정말 대가 없이 주는 것인지 의심해 봐야 해.

핸드폰 결제는 돈이 나가지 않는다고?

부모님의 핸드폰으로 게임을 하던 악어. 게임 아이템을 사지 않기로 약속했으므로 평소 부모님은 믿고 핸드폰을 내주었지. 하지만 핸드폰 요금이 너무 많이 나와서 이용 내역을 확인하던 부모님은 깜짝 놀랐어. 결제대행요금으로 무려 30만 원이 나간 거야. 악어에게 물어보니 "핸드폰 결제는 돈이 나가지 않는 줄 알았어요"라고 대답하지 뭐야.

핸드폰 결제는 지금 당장 돈을 내지 않지만 통신요금에 합산되어 나중에 돈을 내는 방식이야.

헷갈린다면 부모님에게 꼭 확인받자

틀린 정보를 믿으면 안 돼.

악어는 친구가 "핸드폰으로 결제하면 되지. 그건 돈이 안 나가니까"라고 흘리듯이 한 말을 덥석 믿고 마음 놓고 게임 아이템을 결제했던 거야. 친구들끼리 돈에 관한 정보를 주고받을 때는 정확한지 부모님에게 다시 한번 물어보는 게 좋아. 친구가 잘못 알고 있을 수도 있고, 네가 잘못된 정보를 친구에게 전달할 수도 있으니까.

주운 물건은 주인이 없으니 되팔아도 될까?

코리는 어느 날 길을 가다가 공원 벤치에 놓여 있는 게임기를 발견했어. 주인이 있는지 살펴보았지만 아무도 없었지. 마침 평소 너무 해 보고 싶었던 닌텐도 게임기여서 자기도 모르게 가방에 넣고 집으로 서둘러 도망쳤어. 그런데 부모님에게 들킬까 봐 막상 집에서 게임기를 꺼내지도 못했지. 고심 끝에 중고거래로 게임기를 팔아야겠다고 생각하고 SNS에 글을 올렸어. 그런데 이를 수상하게 여긴 누군가가 경찰서에 신고를 하고 말았지.

정말 들키지만 않으면 된다고 생각한 거야?

주인이 없는 물건을 가져가는 것은 도둑질이야

되파는 건 더 큰 문제야.

누군가 잃어버린 물건은 주인이 없으니까 가져도 된다고 생각하면 안 돼. 가게에 들어가서 물건을 몰래 가져오는 것과 다를 바 없는 도둑질이야. 절대 해서는 안 되는 행동이지. 아무리 작은 물건, 적은 금액이라도 마찬가지야. 주인이 없는 물건을 발견했을 때는 그 자리에 잘 보이게 두거나 경찰서에 가져다줘야 해.

더 알아보기
착한 소비? 윤리적 소비가 뭐야?

윤리적 소비는 환경이나 인권 문제 등을 위해 노력하는 기업을 응원하는 차원에서 그 기업에서 만드는 상품을 구매하는 것을 말해. 일명 착한 소비라고 불리지. 나의 작은 소비가 이웃, 사회, 환경 등 넓은 범위에서 미치는 영향까지 생각하는 일이야. 윤리적 소비를 실천할수록 지구는 더 건강해지고, 사회는 더욱 살 만한 세상이 될 거야. 윤리적 소비에는 무엇이 있을까?

공정무역 인증 마크가 있는 제품

우리가 값싸게 먹을 수 있는 바나나, 커피, 초콜릿은 불평등한 거래와 열악한 노동 환경 속에서 생산되는 경우가 많아. 근로자들이 안전하고 건강한 환경에서 일하고, 정당한 임금을 받을 수 있도록 보장된 상품을 공정무역 상품이라고 해.

▶ **공정무역 인증 마크** 이 표시가 있으면 공정무역으로 생산된 제품이야.

로컬 소비

내가 사는 지역에서 생산되는 농산물이나 수산물을 이용하는 것이 로컬 소비야. 이렇게 하면 지역 경제도 활성화되고, 다른 지역으로 물건을 운반할 때 발생하는 환경 부담도 줄일 수 있어. 푸드 마일리지와 탄소 발자국이라는 용어도 알아 두자.

▶ **푸드 마일리지** 비행기를 타고 멀리 갈수록 많이 쌓이는 마일리지처럼 식품도 먼 나라에서 올수록 마일리지가 많아진다는 의미야.

▶ **탄소 발자국** 생산부터 소비까지 얼마나 많은 이산화탄소를 만들어 냈는지 표시한 거야.

수익금 기부 상품

상품 매출의 일부가 환경 보호나 개발도상국의 어린이 지원 같은 사회 공헌 활동에 기부되는 제품이야. 물건의 설명을 잘 살펴보면 소외 계층을 위해 기부된다는 말이 함께 써 있어. 일자리를 얻기 어려운 장애인을 위해 설립된 '위캔쿠키'와 같은 브랜드의 제품이 대표적이야.

친환경 제품

재활용 재료로 만든 상품, 미생물에 의해 자연분해되는 포장재를 사용하는 브랜드, 에너지 효율적인 가전제품 등을 의미해. 리필 가능한 제품, 텀블러나 장바구니 등의 다회용품을 사용하는 것도 쓰레기를 줄이고 자원을 절약하는 윤리적 소비에 속해.

3장
돈, 똑똑하게 관리하자!

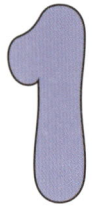
용돈, 어떻게 받을까?

현명한 소비 습관을 기르기 위해서는 용돈부터 잘 관리할 줄 알아야 해. 먼저 용돈을 받는 세 가지 방식에 대해 알아보고, 나에게 맞는 게 무엇인지 생각해 봐.

용돈을 받는 3가지 방식

매달 일정한 금액을 받는 정액제와 집안일 일을 한 만큼 돈을 받는 보수제가 있어. 그리고 정액제와 보수제를 합친 결합형이 있지. 각각의 장단점을 잘 비교해 보고, 부모님과 상의해서 자신에게 맞는 방법을 선택하도록 해.

`매월 일정 금액 ①`

정액제

매월 1만 원과 같이 일정한 기간마다 정해진 금액을 받는 방식이야. 언제, 얼마를 받을지 미리 알 수 있어서 용돈을 계획적으로 관리하기 쉽지.

장점
- ⭐ 용돈을 어디에 쓸 것인지 미리 계획을 세울 수 있어.
- ⭐ 용돈 중 일부를 저축할 수 있어.

단점
- ⭐ 돈을 다 써 버려도 다음 용돈 받는 날까지 추가 용돈을 받을 수 없어.
- ⭐ 일하지 않아도 용돈을 받으니까 부모님 심부름을 하지 않게 돼.

일한 만큼 ②

보수제

일한 만큼 돈을 받는 방식을 말해. 식사 후 그릇 정리는 500원, 현관의 신발 정리는 200원과 같은 식으로 집안일을 도울 때마다 부모님과 미리 정해 놓은 금액을 용돈으로 받을 수 있어.

장점
- ⭐ 일을 많이 하면 할수록 용돈을 많이 받을 수 있어.
- ⭐ 돈을 버는 것이 얼마나 힘든 일인지 느낄 수 있어.

단점
- ⭐ 쉬고 싶거나 몸이 아파도 집안일을 하지 않으면 용돈을 받을 수 없어.
- ⭐ 돈을 받을 수 없는 일이라면 부모님이 시켜도 하지 않게 돼.

보수제로 용돈을 받을 때 정해야 할 것들

☑ 어떤 집안일을 할까
신발 정리, 빨래 개기, 화분에 물 주기, 반려동물 돌보기 등 어린이도 할 수 있는 집안일은 정말 많아. 어떤 일을 하고 용돈을 받을지 부모님과 함께 정해 봐.

☑ 금액을 얼마로 할까
모든 집안일을 '1회 300원'처럼 똑같은 금액으로 정할 수도 있고 '빨래 개기는 500원', '신발 정리는 200원'과 같이 일에 따라 금액을 다르게 정할 수도 있어. 어떤 방법이 좋을지 생각해서 정해 봐.

☑ 언제 집안일을 할까
그때그때의 기분에 따라 일을 한다면 어느 날은 집이 깨끗하고 어느 날은 지저분할 거야. 용돈을 받는 시기도 들쭉날쭉하게 되겠지. 매일 혹은 매주 일요일처럼 집안일을 하는 날을 미리 정해 두면 잊어버리지 않고 할 수 있어.

> 용돈 + 보너스 ③

결합형

정액제와 보수제의 특징을 합친 방식이야. 일정 기간마다 정해진 금액을 받으면서 필요할 경우 일을 해서 추가로 용돈을 받을 수 있어.

장점

- ⭐ 일정 기간마다 받는 정기 용돈을 어디에 쓸지 미리 계획할 수 있어.
- ⭐ 돈이 부족할 경우 집안일을 해서 마련할 수 있어.

단점

- ⭐ 집안일로 돈을 벌면 그만이라고 생각하고 정기 용돈을 낭비하기 쉬워.
- ⭐ 정기 용돈이 충분하면 집안일을 도울 생각이 들지 않아.

용돈, 얼마를 받을까?

용돈을 어떻게 받을지 정했다면 이제 얼마를 받을지 정해야 해. 먼저 용돈을 어떻게 쓸지 '예산 리스트'를 작성해 보는 게 좋아. 나를 위한 돈, 다른 사람을 위한 돈, 저축할 돈으로 나누어 필요한 물건을 적어 봐. 또 각 물건의 대략적인 금액도 조사해 봐. 각 항목의 합이 한 달의 예산, 즉 한 달 동안 필요한 용돈 금액이야. 적은 예산 목록을 부모님에게 보여 드리면서 용돈을 얼마로 할지 상의해 보자.

① 나를 위한 돈

항목	소비 욕구	금액
연필 2자루	☑ 니즈 ☐ 원츠	1,500원
다이어리 꾸미기 스티커	☐ 니즈 ☑ 원츠	1,000원
과자	☑ 니즈 ☐ 원츠	2,000원
인형 뽑기	☐ 니즈 ☑ 원츠	2,000원

① 필요한 것 3,500원 + 갖고 싶은 것 3,000원 = 6,500원

② 다른 사람을 위한 돈

항목	금액
친구 생일선물	2,000원
굿네이버스 후원금	500원

② 2,500원

③ 저축할 돈

항목	금액
새로운 게임을 사기 위한 돈	3,000원

③ 3,000원

> 연필과 같은 꼭 필요한 학용품을 용돈 내에서 해결할지, 가족 예산에 넣어서 부모님에게 사 달라고 할지 의논해 보는 것도 좋아.

한 달 예산 (①+②+③) = 12,000원

3 용돈 계약서 쓰기

용돈을 받을 방법과 금액이 정해졌다면 계약서를 작성해 봐. 계약서란, 양쪽 모두 정해진 규칙을 지키겠다고 약속하는 서류야. 어른이 되면 스마트폰을 사거나 신용카드를 만들 때 등 계약서를 쓸 일이 많아지니까 지금부터 연습해 보면 좋을 거야.

계약서에는 용돈을 받는 방식, 집안일을 도왔을 때 받는 금액 등을 쓰고, 부모님과 네가 사인하면 돼. 계약서에 사인하는 것은 '나는 약속을 지킬 것이고 당신 역시 그럴 것으로 믿는다'라는 의미가 있어. 계약서에 쓴 약속을 어기면 신용을 잃을 수도 있다는 점을 기억하자.

계약서에 들어가야 할 내용

⭐ 받는 방법: 정액제, 보수제, 결합형 등
⭐ 받는 시기: 매월 1일, 매주 월요일 등
⭐ 받는 금액: 보수제일 경우 집안일의 종류와 횟수 등도 자세히
⭐ 받은 용돈을 어떻게 관리할 것인지
⭐ 그 외에 부모님과 약속한 내용
⭐ 계약서를 작성한 날짜
⭐ 어린이 사인
⭐ 부모님 사인

계약서에 사인을 하면 그 내용을 지키겠다고 말한 것과 같아! 항목을 꼼꼼히 살펴봐야 하겠지?

용돈 계약서

(예시)

(부모님 성함)은 갑이라 하고 (본인 이름)은 을이라 하여 용돈 규칙을 다음과 같이 정합니다. 이를 지킬 것을 약속합니다.

제1조 용돈을 받는 방법 및 날짜

① 을은 용돈을 정액제로 받는다.
② 갑은 용돈을 매월 1일에 지급한다.

제2조 용돈 금액

① 용돈은 매월 1만 원으로 한다. 예산은 다음과 같다.

예산 내역	
나를 위한 돈	6,000원
다른 사람을 위한 돈	2,000원
저축하는 돈	2,000원
합계	1만 원

② (보수제와 결합형의 경우) 갑이 을에게 지급하는 집안일에 해당하는 비용은 다음과 같다.

집안일의 대가	
욕실 청소	1,000원
반려견 산책	500원
설거지	500원
빨래 개기	500원
식물에 물 주기	300원
신발 정리	100원

제3조 관리 방법

① 받은 돈은 용돈 애플리케이션으로 관리한다.
② 매월 1일에 지난 달에 사용한 금액을 부모님에게 보고한다.

제4조 부모님과의 약속

① 용돈 외에 돈이 생기면 반드시 부모님에게 말한다.
   돈은 '쓸 돈', '저축할 돈', '부모님에게 맡길 돈'으로 나눈다.
② 돈을 다른 사람에게 빌리거나 빌려주지 않는다.
③ 숙제와 방 청소를 꼭 한다.

본 계약을 증명하기 위하여 계약서 2통을 작성하여 갑, 을이 서명 날인한 다음 각 1통씩 보관한다.

성명: (본인 이름) 사인
성명: (부모님 이름) 사인

2025년 ○월 ○○일

흠... 잊어버릴 수 있으니까 언제든 볼 수 있도록 책상 앞에 붙여 놓을까요?

계약서는 약속을 보이는 형태로 만든 아주 중요한 종이야. 잘 보이는 곳에 붙여 두는 건 정말 좋은 생각이네!

용돈, 어떻게 관리할까?

어떻게 쓰고 관리하느냐에 따라 같은 용돈을 받아도 부족할 수도, 충분할 수도 있어. 자신에게 맞는 용돈 관리법을 배워 보자.

 **먼저 돈을 한눈에 보이게 만들자**

용돈 관리의 핵심은 내가 얼마를 썼고, 얼마가 남아 있는지 파악하는 거야. 예를 들어, 투명한 병에 돈을 넣어 두면 한눈에 돈이 얼마나 있는지 볼 수 있어서 좋아. 이 외에도 용돈 기입장, 영수증 노트, 용돈 관리 앱 등을 사용하는 방법도 있어. 어떤 도구를 사용하든 용돈을 용도에 따라 세 가지로 쪼개면 한눈에 파악할 수 있어.

나를 위한 돈

지금 나에게 필요한 것(니즈)이나 갖고 싶은 물건(원츠)을 사기 위한 돈이야. 꼭 필요한 학용품이나 반드시 필요하지는 않지만 사고 싶은 장난감, 게임 아이템 등이 모두 여기에 속해.

다른 사람을 위한 돈

친구의 생일 선물이나 어버이날 선물 등 가족과 친구를 위해 쓰는 돈이야. 도움이 필요한 사람을 위해 모금에 참여하거나 기부하는 돈도 여기에 포함돼.

저축하는 돈

한 달 용돈으로는 사기 어려운 비싼 물건을 사기 위해 모아 두는 돈이야. 예를 들면 게임기나 태블릿 PC 등이 여기에 속하지. 또 갑자기 물건을 잃어버렸을 때나 물건이 수리가 필요할 때도 이 돈을 사용하면 돼.

> 이렇게 해 봐 ①

병 나누기

투명한 병이나 페트병을 이용해서 돈을 나누어 관리하는 거야. 원하지 않는 물건을 덩달아 사기도 하는 배려왕 유형에게 추천하는 방법이야. 나를 위한 돈, 다른 사람을 위한 돈, 저축하는 돈을 넣을 세 개의 투명 용기를 준비하면 돼.

 ## 누구나 쉽게 할 수 있다는 장점

용돈을 받으면 나누어 넣기

투명한 플라스틱 용기나 페트병을 세 개 준비한 뒤 각각 나, 다른 사람, 저축이라고 적어. 용돈을 받으면 미리 정해 놓은 비율대로 용돈을 나누어 넣어 보관해.

다른 용도의 돈은 쓰면 안 돼!

용돈을 쓸 때에는 지출의 성격에 따라 각각의 병에서 꺼내 쓰면 돼. '나를 위한 돈'이 다 떨어졌다고 해서 '다른 사람을 위한 돈'에서 돈을 꺼내 쓰면 안 돼. 돈이 얼마나 남았는지는 쉽게 확인할 수 있으니까 돈이 조금 남아 있다면 아껴 써야겠지?

이렇게 해 봐 ②

용돈 기입장

구매한 물건과 금액 등을 수첩에 기록하며 관리하는 방법이야. 이렇게 적어 두면 어디에 돈을 썼는지 시간이 지나도 쉽게 확인할 수 있어. 계획적으로 돈을 잘 쓰고 있는지 점검하는 데도 유용하지. 절약왕 유형의 친구들이 해 보면 돈을 관리하는 것이 더 즐겁다고 느끼게 될 거야.

어디에 썼는지 기억나지 않을 때 찾아볼 수 있어서 좋아!

무슨 내용을 쓸까?

이번 달에 갖고 싶은 물건

사고 싶은 물건이 있으면 적어 봐. 그 물건이 꼭 필요한 것인지 갖고 싶은 것인지 구분해서 적어 두면 무엇을 먼저 사야 할지 판단하는 데 도움이 될 거야.

용돈 계획

나를 위한 돈, 다른 사람을 위한 돈, 저축할 돈을 얼마로 할지 미리 정해서 적어 두면 좋아. 계획했던 것과 실제 사용한 돈을 비교할 수 있거든.

사용한 돈

물건을 사고 받은 영수증을 보면서 날짜, 금액, 어디에 썼는지 적어 봐. 만약 깜빡하고 영수증을 받지 못했을 때는 대략적인 금액만 적어도 괜찮아.

느낀 점

매월 마지막 날에는 자신의 소비 습관을 돌아보고 느낀 점을 적어 봐. 부모님에게 보여 드리고 조언을 받는 것도 똑똑한 방법이야.

나만의 용돈 기입장을 만들어 볼까?

용돈 기입장

(예시)

11월의 용돈   15,000원

▶ 나를 위한돈, 다른 사람을 위한 돈, 저축할 돈으로 용돈을 나눈 뒤 각 항목의 예산을 써 봐.

	나를 위한 돈	다른 사람을 위한 돈	저축할 돈
이번 달 용돈	9,000원	3,000원	3,000원
지난달에 남은 돈	없음	500원	15,000원
이번 달 총액	9,000원	3,500원	18,000원

▶ 돈을 쓸 때마다 각각 언제, 어디에, 얼마를 썼는지 쓰면 돼.

나를 위한 돈   9,000원

날짜	내용	금액	니즈 / 원츠	잔액
5일	과자	1,200원	니즈	7,800원
6일	인형 뽑기	3,000원	원츠	4,800원
21일	공책	1,500원	니즈	3,300원
27일	주스	1,500원	니즈	1,800원

다른 사람을 위한 돈   3,500원

날짜	내용	금액	잔액
5일	하영이 선물	2,500원	1,000원

저축할 돈   18,000원

날짜	내용	금액	잔액
10일	저금통에 저축	18,000원	0원

▶ 매월 마지막 날에는 돈이 얼마나 남았는지 써 봐.

이번 달에 남은 돈   2,800원

나를 위한 돈	다른 사람을 위한 돈	저축할 돈
1,800원	1,000원	0원

▶ 이번 달 용돈을 어떻게 썼는지 돌아보고 느낀 점을 써 봐.

느낀 점	부모님 의견
지난달에 할아버지가 주신 용돈이 남아서 많이 저축할 수 있어서 기뻤다.	저축의 재미를 알아가는 것 같아서 엄마도 기분이 좋네.

용돈 기입장을 꾸준히 쓰면 부자가 될 것 같아!

계산 실력도 자연스럽게 늘게 될 거야.

> 이렇게 해 봐 ③
영수증 노트

물건을 사고 받은 영수증을 공책에 붙여 정리하는 방법이야. 물건을 살 때마다 영수증을 받아서 붙이기만 하면 되니까 하나하나 기록하는 것보다 훨씬 편하지. 돈을 얼마나 썼는지 잘 가늠하지 못하는 쇼핑왕 유형의 친구들에게 추천하는 방법이야.

음… 그러고 보니 난 늘 영수증을 받지 않았군…

붙이고 한 달에 한 번씩 다시 보자

영수증을 붙이기

물건을 사면 꼭 영수증을 받고, 날짜별로 모아서 공책에 붙여 봐. 인형 뽑기나 자판기처럼 영수증을 받을 수 없는 곳에 소비했을 때는 사용한 내용과 금액을 공책에 직접 적으면 돼.

하루를 마무리할 때 영수증 정리하는 습관을 들이면 좋겠네!

정기적으로 점검하기

일주일에 한 번이나 한 달에 한 번, 정해진 기간마다 공책을 다시 확인하면서 어디에 얼마나 돈을 썼는지 돌아봐야 해. 불필요한 지출이 많았다는 생각이 들면, 다음에는 좀 더 신중하게 돈을 쓰게 될 거야.

> 이렇게 해 봐 ④

용돈 관리 앱

요즘은 핸드폰이나 태블릿으로 용돈을 관리할 수 있는 앱이 많이 있어. 용돈 기입장을 직접 쓰는 게 번거롭다면 이런 앱을 활용하는 것도 좋은 방법이지. 수입과 지출을 입력하기만 하면 자동으로 금액을 계산해 주고 그래프까지 만들어 주니까! 다만 핸드폰을 보다가 게임이나 영상으로 빠져 버릴 수 있다는 게 단점이야. 그래서 신중한 성격인 고민왕 유형의 친구들에게 추천해.

핸드폰으로 용돈을 관리할 수 있다니 해 보고 싶은걸?

손으로 쓰는 번거로움이 줄어들어

용돈 기입장을 핸드폰으로!

용돈 관리 앱은 용돈 기입장을 핸드폰으로 옮겨 놨다고 생각하면 이해하기 쉬울 거야. 용돈 기입장은 집에 돌아가서 적어야 하지만 용돈 관리 앱은 핸드폰만 있으면 언제 어디서든 기록할 수 있으니 편리하지. 날짜와 금액, 사용처 등을 물건을 산 후에 바로 입력하면 되니까 기록하는 걸 깜빡할 걱정도 없어.

한눈에 지출 내역을 볼 수 있어

'먹는 데', '쇼핑하는 데', '노는 데', '공부하는 데'처럼 쓴 돈의 카테고리를 설정해 두면, 한 달 동안 어디에 얼마를 썼는지 그래프를 통해 손쉽게 파악할 수 있어.

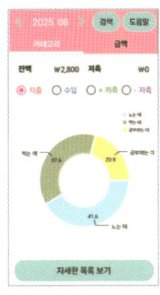

스마트폰 앱스토어에서 용돈기입장으로 검색하면 다양한 앱을 볼 수 있어.

> 이렇게 해 봐 ⑤

스마트 페이

용돈을 현금이 아닌 전자 화폐로 바꿔 관리하는 방법이야. 용돈 카드를 쓰는 게 여기에 속해. 용돈 카드 회사에서는 용돈 관리 앱도 대부분 지원하고 있어서 카드를 쓰면 지출 내역이 자동으로 기록되는 방식이야. 어디에 썼는지, 얼마를 썼는지 따로 기록할 필요 없으니 가장 편리하지만 돈을 쓴다는 느낌이 없어서 과소비하기 쉬워.

> 돈을 쓸 때도 나중에 관리할 때도 편하겠어.

용돈 카드 사용의 장점

자동으로 기록이 남아

사용한 금액이 자동으로 지출 내역에 저장되기 때문에, 일일이 용돈 기입장에 기록하거나 영수증을 붙이는 번거로움이 줄어들어.

부모님과 함께 관리할 수 있어

부모님과 핸드폰을 연결해 두면 용돈을 자동으로 보내고 받을 수 있어. 용돈 사용 내역도 같이 볼 수 있어서 돈 관리를 처음 시작할 때 부모님의 도움을 받기 좋아.

용돈 카드 및 용돈 관리 앱 추천

퍼핀

설정해 둔 날짜에 맞춰 자동으로 용돈이 지급되고, 돈을 쓰면 부모님도 사용 내역을 확인할 수 있어. 모의투자를 통해 포인트를 지급해 주기도 해.

아이쿠카

KB국민카드에서 만든 앱으로 귀여운 캐릭터가 그려진 용돈카드를 발급받을 수 있어. '쿠카뉴스'라는 시사·경제 정보를 제공해.

 ## 돈을 쓰고 난 뒤에는 반드시 점검하자

용돈 관리는 단순히 어디에 돈을 썼는지 기록하는 일이 아니야. 어떻게 썼는지 돌아보는 것까지 포함되어야 해. 이렇게 하다 보면 자신의 소비 습관을 발견할 수 있을 거야. '이번 달에는 돈을 너무 많이 썼네', '저축을 좀 더 늘릴 수 있을 것 같은데?'와 같은 생각이 들었다면 아주 바람직한 신호야!

 ### 지출과 소비를 점검하는 3가지 질문

예산대로 돈을 썼어?

처음에 계획했던 대로 용돈을 잘 사용했는지 살펴보자. 나를 위한 돈, 다른 사람을 위한 돈, 저축할 돈에 쓰기로 한 계획이 지켜졌는지 확인하는 거야.

규칙을 지켰어?

부모님과 정한 용돈 계약서의 내용을 잘 지켰는지 돌아보자. 해야 할 일은 잘했는지, 정해진 횟수만큼 집안일을 도왔는지 확인해 봐. 만약 규칙을 제대로 지키지 못했다면 다음부터는 규칙이나 약속을 어기지 않도록 노력해야 해.

어떤 물건을 샀어?

불필요한 물건을 많이 사지 않았는지, 이미 비슷한 물건을 가지고 있는데 또 사지는 않았는지 생각해 보자. 충동적으로 물건을 샀다가 나중에 더 저렴한 가격에 파는 걸 보게 되어서 속이 상할 때도 있었을 거야. 이렇게 자신의 소비를 돌아보고 반성하는 습관을 들이면, 앞으로 돈을 쓸 때 더 신중할 수 있어.

처음부터 완벽하지 않아도 돼. 꾸준히 실천해 나가다 보면 잘하게 될 거야.

3 비정기적으로 생기는 돈은 따로 관리하자

비정기적 수입이란 세뱃돈이나 친척들에게 받는 용돈처럼 특별한 경우에 생기는 돈을 말해. 대부분 정기적으로 받는 용돈보다 더 큰돈이 생길 때가 많지. 하지만 돈이 많아졌다고 마구 써 버리면 금방 없어져 버릴 거야. 큰돈이 생겼을 때 어떻게 할지 미리 계획해 두는 게 좋아.

목표한 저축액에 가까워질 절호의 기회!

비정기적 수입을 관리하는 방법

비정기적 수입도 용돈과 마찬가지로 세 가지로 쪼개면 관리하기 쉬워. 다만 평소 용돈을 쪼개는 방법과는 조금 다르게 해 보자.

자유롭게 쓸 돈

갖고 싶은 물건이나 필요한 것을 사기 위한 돈이야. 평소에 받는 용돈과 합치면 좀 더 비싼 물건도 살 수 있어.

저축할 돈

갑자기 돈이 필요할 때를 대비해 미리 모아 두는 돈이야. 은행 계좌나 저금통에 저축하면 돼.

부모님에게 맡기는 돈

나중에 들어갈 학비 등 미래에 꼭 필요한 돈을 스스로 준비하는 거야. 부모님에게 맡겨 두었다가 나중에 돌려받아서 사용할 수 있어. 은행에 넣어 두면 은행 이자만큼만 불릴 수 있지만, 부모님에게 맡기면 다양한 투자로 돈을 더 크게 불릴 수 있어.

자유롭게 쓸 돈은 어떻게 쓰면 좋을까?

갑자기 10만 원이 생겼다고 상상해 봐. 그중 5만 원을 '자유롭게 쓸 돈'으로 정했다면 어디에 쓰는 게 좋을까? 평소 쓰던 대로 간식을 사고 문구류를 사는 데 쓸 수도 있지만, 그렇게 하다 보면 티도 안 나게 돈이 사라져 버리고 말 거야.

그동안 아껴 썼으니까 나를 위한 보상도 필요해!

새로운 경험에 투자하기

예를 들어 태블릿이나 TV로만 보던 영화를 영화관에서 직접 본다거나, 평소 먹어 보지 못한 고급 디저트를 사 먹어 보는 것도 좋아. 새로운 경험을 위해 돈을 쓰는 것은 나 자신을 위한 투자이기도 해.

모은 돈과 합쳐서 사용하기

7만 원짜리 아이돌 앨범을 사고 싶어서 돈을 모으던 중이라면, 이번에 생긴 5만 원을 더하면 계획보다 빨리 앨범을 살 수 있을 거야. 비정기적 수입이 생기면 평소 가지고 싶었던 비싼 물건을 살 수 있어. 이렇게 열심히 용돈을 아껴 쓴 자신에게 보상을 주는 것도 좋은 방법이야.

비정기적 수입이 생기면

⭐ **감사 인사를 하자**

세뱃돈이나 용돈을 받으면 주신 분에게 꼭 감사의 인사를 전해야 해. 직접 말로 인사를 하거나 카드나 메시지를 보내 봐.

⭐ **부모님에게 말씀드리자**

부모님이 아닌 다른 사람에게 용돈을 받았을 때는 꼭 부모님에게 알려야 해. 부모님이 알고 있어야 혹시 생길 수 있는 돈과 관련된 문제를 예방할 수 있어.

용돈 재협상 대작전

부모님과 정한 용돈 금액이 실제로 써 보니 부족한 경우도 있을 거야. 어떤 달에는 특별히 돈을 많이 써야 할 때도 생길 거고. 그럴 때 어떻게 하면 좋을지 알아보자.

 **달라진 상황을 정리해 봐**

학년이 올라가거나 친구가 많아지면 용돈이 부족하다고 느낄 수 있어. 또는 새롭게 무언가를 배워야 할 때도 있고, 집안일을 도울 시간이 부족해질 수도 있지. 이런 변화가 생겼다면 부모님과 함께 용돈 규칙을 다시 상의해 보고 바꿀 수 있어. 다만 무작정 용돈을 올려 달라고 하면 부모님을 설득할 수 없겠지. 지금의 용돈이 부족하다는 것에 동의할 수 있는 타당한 이유가 있어야 해. 아래의 체크리스트에서 세 가지 이상 해당한다면 재협상을 시도해 봐도 좋아.

용돈 재협상 체크리스트

☐ 필요한 것을 도무지 살 수 없다.
☐ 낭비하지 않고 용돈을 사용하고 있다.
☐ 집안일을 도울 시간이 부족하다.
☐ 매달 저축을 잘하고 있다.
☐ 용돈 규칙을 잘 지키고 있다.

어떤 내용을 바꿀 수 있을까?

재협상을 하기 전에 용돈 규칙에서 바꾸고 싶은 내용을 구체적으로 정리해 봐. 예를 들어 "매달 받는 금액을 조금 더 올리고 싶어요" 또는 "비싼 물건을 사야 할 때는 용돈을 더 받을 수 있으면 좋겠어요"와 같은 내용을 추가하는 거야. 다음의 예시를 참고해서 바꾸고 싶은 내용을 생각해 보자.

용돈 규칙 재협상 예시

용돈 금액 올리기

친구들과 만나서 음식점에 갔을 때 생각보다 비싼 금액에 깜짝 놀란 적 있을 거야. 떡볶이 뷔페를 가려면 1만 원이 있어야 하고, 마라탕을 먹으려고 해도 마찬가지지. 학년이 올라가서 부모님 없이 친구들끼리 어울릴 기회가 많아질수록 돈을 쓸 일은 더 많아질 거야. 네가 자주 가서 먹는 음식점의 1인분 가격을 조사해서 부모님을 설득해 봐.

용돈 규칙 추가하기

평소에는 지금의 용돈으로도 충분하지만, 친구의 생일처럼 갑자기 큰돈이 필요할 때도 있어. 무조건 용돈을 올려 달라고 하기 전에 '특별한 상황일 때는 추가 용돈을 1만 원 지급한다'처럼 용돈 규칙을 새롭게 마련하는 것도 좋은 방법이야.

심부름 항목과 보수 조정하기

보수제로 용돈을 받는다면 학원이나 학교 숙제가 많아질수록 집안일을 돕거나 심부름을 할 시간이 부족해질 수 있어. 간단한 심부름 대신 조금 더 어려운 일을 하는 것으로 바꾸고, 보수 금액도 올리는 것으로 협상할 수 있어.

용돈 인상 프레젠테이션을 해 봐

어떤 용돈 규칙을 바꿀지 결정했다면 부모님 앞에서 용돈 인상 프레젠테이션을 해 봐. 프레젠테이션이란, 상대방에게 자신의 의견이나 생각을 정확하게 전달하는 발표를 뜻해. 용돈을 올려 달라고 하는 이유와 원하는 금액을 부모님이 이해하기 쉽게 설명해서 설득하는 거지.

▷ 이유 없이 떼쓰는 것처럼 보이면 용돈을 올려 주지 않을 가능성이 커.

▷ 부모님이 이유를 충분히 납득하면 용돈을 올려 줄 가능성이 커.

용돈 인상 프레젠테이션 꿀팁

이유와 결론을 분명하게

용돈을 올려야 하는 이유와 목적을 분명하게 전달해야 해. 예를 들어 '공부에 필요한 학용품을 사기에 지금 용돈은 부족해서'(이유) '매달 3,000원을 더 올려 달라'(결론)는 식으로 말하는 거야. 이유가 분명할수록 부모님을 설득하기 쉬워.

어떤 방법으로 전달할까

의견을 효과적으로 전달하려면 의도 → 이유 → 구체적인 예 → 결론의 순서로 말하는 게 좋아. 각각의 단계를 종이나 PPT에 한 문장으로 정리해 봐. 말의 순서 못지 않게 부모님이 보기 좋은 방법을 선택하는 것도 설득의 기술이야.

말하는 타이밍도 중요해

부모님이 바쁘거나 피곤할 때 이야기하면 잘 받아들여지지 않을 가능성이 커. 집안일을 도운 후나 시험에서 좋은 성적을 받은 후처럼 분위기가 좋을 때 이야기하면 효과적이야.

효과적인 전달 방법을 따라 해 봐

의도 용돈이 부족해서 올리고 싶어요.

이유 공부에 필요한 물건을 사기에 지금의 용돈이 부족해요.

구체적인 예 숙제가 많아져서 학용품을 더 많이 쓰게 되었어요.

결론 매달 3,000원을 더 주셨으면 해요.

초등 현실 밀착 사례

인형 뽑기에서 계속 실패한다면

아깝게 출구 근처에서 인형을 놓아 버리는 뽑기 기계! '한 번만 더 하면 될 거 같은데?'라는 생각에 자꾸 도전하게 돼. 가벼운 마음으로 시작했다가 끝장을 보겠다는 마음으로 바뀌어 버리기 쉬워서 돈을 낭비하게 만드는 주범이야.

> 이렇게 해 봐

예산을 정해 봐

인형 뽑기는 한번 시작하면 멈추기 어렵지. 어른들도 마찬가지인걸. 하지만 계속하다가는 인형을 뽑기는 커녕 용돈을 전부 날리게 될지도 몰라. 따라서 뽑기를 하기 전에 "오늘은 5,000원만 써야지!"처럼 미리 예산을 정해 두는 게 좋아. 뽑기를 하러 갈 때 지갑에 예산만큼만 넣어 가는 것도 과소비를 막는 좋은 방법이야.

> 이것만은 꼭 알아 둬

인형 뽑기의 구조를 알아볼까?

무작정 뽑기를 하기보다는 어떻게 하면 인형을 뽑을 수 있는지, 성공 확률은 얼마나 되는지 인형 뽑기에 대해 인터넷에서 한번 조사해 봐. 가까운 게 잘 안 뽑히게 해 둘 때도 있고, 처음 몇 번은 무조건 인형을 놓치게 설정해 둔 기계도 있어. 몇 번 시도해도 인형이 안 뽑힐 때는 "에잇, 이 기계는 너무 안 뽑히게 되어 있다!"라며 포기하는 것도 좋은 방법이야.

너무 쉽게 인형이 뽑히면 뽑기방 사장님도 곤란하겠지?

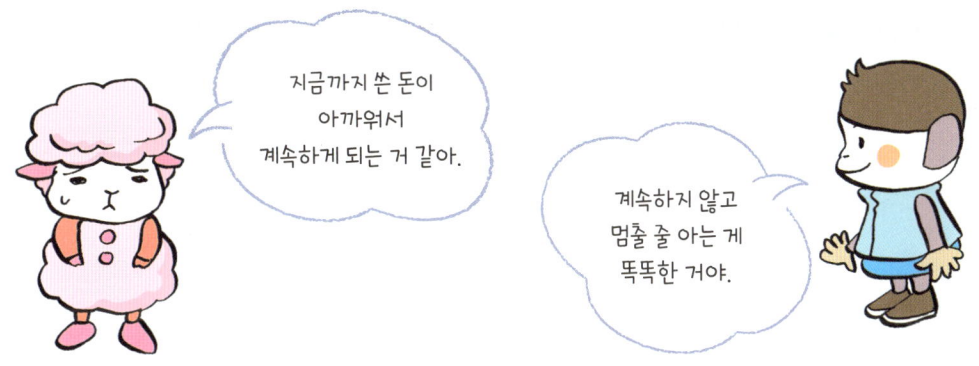

지금까지 쓴 돈이 아까워서 계속하게 되는 거 같아.

계속하지 않고 멈출 줄 아는 게 똑똑한 거야.

초등 현실 밀착 사례

친구에게 선물을 주고 싶다면

친구 생일에 평소보다 비싼 선물을 주고 싶을 때가 있을지도 몰라. 하지만 너무 비싼 선물은 오히려 친구에게 부담이 되기도 해. 그만큼 다시 돌려줘야 한다는 생각이 들기 때문이지. 용돈으로 살 수 있는 적당한 물건을 선물하는 게 받는 사람도, 주는 사람도 좋아.

> 이렇게 해 봐

최대 금액을 정해 봐

친구들과 생일 선물을 주고받는다면 각자의 용돈으로 살 수 있는 범위 안에서 해야 해. '최대 1만 원을 넘기지 않는다'처럼 예산을 정하고 선물을 골라 봐. 꼭 비싼 물건이 아니어도 괜찮아. 중요한 것은 선물에 담긴 마음이니까.

너무 비싼 선물을 받으면 부담스러워.

> 이것만은 꼭 알아 둬

주기만 하거나 받기만 해서는 안 돼

친구에게 선물을 받았다면 부모님에게 알려야 해. 친구가 잘 모르고 너무 비싼 선물을 줬을 수도 있고, 네가 잘 모르고 받았을 수도 있기 때문이야. 또 일방적으로 받기만 해서 발생하는 문제를 미리 막을 수도 있기 때문이야. 만약 그런 선물을 받았다면 고맙다는 인사와 함께 감사 편지를 쓰거나 작은 선물을 하는 등 어떻게 보답하면 좋을지 부모님과 상의해 보자.

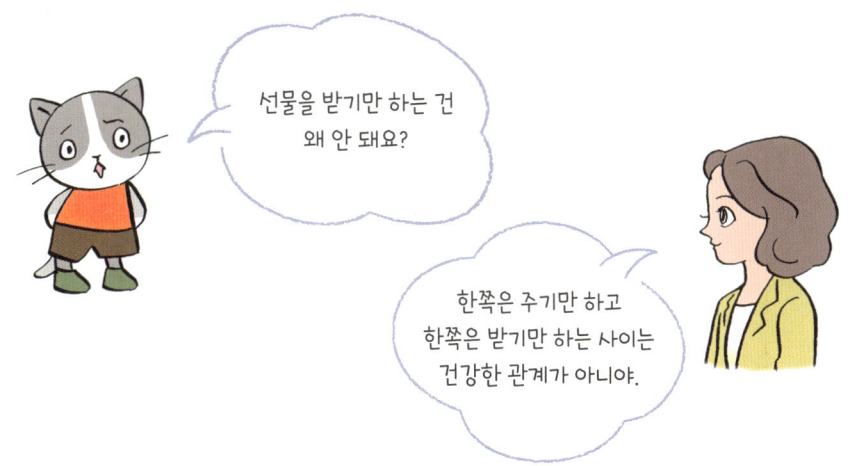

선물을 받기만 하는 건 왜 안 돼요?

한쪽은 주기만 하고 한쪽은 받기만 하는 사이는 건강한 관계가 아니야.

초등 현실 밀착 사례

용돈 규칙을 어겼다면

친구들과 놀다가 부모님과 정한 용돈 규칙을 지키지 못한 적 있어? 해야 할 집안일을 하지 않았다든지, 사지 않기로 약속한 물건을 샀다든지 하는 것 말이야. 약속을 어기면 신뢰를 잃게 돼. 특히 돈과 관련해서는 더욱 그렇단다.

> 이렇게 해 봐

규칙을 어긴 후의 일을 생각해 봐

용돈 계약서를 썼다면 규칙을 어겼을 때 부모님이 용돈을 주지 않아도 할 말이 없어. 그럼 계약서를 쓰지 않으면 되지 않냐고? 그렇지 않아. 계약서의 규칙을 잘 지키면 나중에 용돈 협상이 필요할 때 부모님을 잘 설득할 수 있거든. 그게 바로 '신용'이라는 거야. 신용이 깨지지 않도록 한 달에 한 번씩 규칙을 잘 지키고 있는지 스스로 확인해 보자.

> 이것만은 꼭 알아 둬

잘못을 솔직하게 말하자

만약 규칙을 지키지 못했다면 부모님에게 빨리 솔직하게 이야기하는 게 좋아. 들키지 않을지도 모른다는 생각에 숨기거나 가만히 있다 보면 부모님이 더 실망할 수 있거든. 왜 규칙을 어겼는지, 앞으로 어떻게 하면 잘 지킬 수 있을지 이야기 나누면서 다시 신뢰를 회복해 봐.

규칙이 너무 엄격해서 지키기 어렵다면 부모님과 상의해서 조정하는 것도 방법이야.

별 생각 없이 한 행동이 신용을 떨어뜨릴 줄 몰랐어.

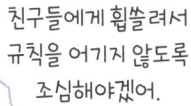

친구들에게 휩쓸려서 규칙을 어기지 않도록 조심해야겠어.

친구가 돈을 빌려 달라고 한다면

'나중에 돌려받으면 되니까'라고 가볍게 생각했다가 큰 문제가 될 수도 있어. 언제까지 돌려준다는 약속을 해도 지키지 않는 경우도 있거든. 빌려준 사람은 애가 타지만 갚을 사람은 대수롭지 않게 생각하는 경우도 많아. 친구 관계까지 나빠질 수 있어서 위험해.

이렇게 해 봐

돈 거래는 기본적으로 하지 않기

예로부터 돈 거래는 친구 사이에 문제를 만드는 요인이었어. 금방 갚겠다고 했지만 갚지 않기도 하고, 조금씩 빌려줘서 대수롭지 않게 생각했지만 모두 합하니 큰돈인 경우도 있지. 돈 문제로 감정 싸움을 하다가 다시는 안 보는 사이가 되는 일도 흔해. 따라서 아주 작은 금액이라도 돈 거래는 기본적으로 친구 사이에 하지 않는 게 좋아. 거절해야 할 때는 이렇게 말해 봐. "그럴 의도가 아니더라도 돈 때문에 우정에 금이 가기도 해. 그러니까 친구 사이에 돈 거래는 하지 않는 게 좋을 것 같아."

이것만은 꼭 알아 둬

친구가 곤란할 때는 빌려줘도 괜찮아

친구가 지갑을 잃어버려서 집에 갈 버스비가 없을 때는 어떻게 하면 좋을까? 이럴 때는 돈을 빌려줘도 괜찮아. 하지만 누구에게, 왜, 얼마를 빌려줬는지는 부모님에게 꼭 말해야 혹시 모를 문제를 막을 수 있어.

초등 현실 밀착 사례

빌린 물건을 망가뜨렸다면

친구에게 빌린 물건을 실수로 망가뜨린 적 있어? 새것으로 사 줘야 할까 아니면 그 정도는 친구 사이에 이해하고 넘어가야 할까? 혼자 해결하려고 하다 보면 오히려 문제가 더 커질 수도 있어. 이럴 때는 어떻게 하는 게 현명할까?

> **이렇게 해 봐**

먼저 서로의 부모님에게 알리자

친구의 물건을 망가뜨렸다면 "알았어, 물어줄게", "싫어, 내가 왜?"와 같은 말을 하지 말고 "일단 부모님에게 알리자"라고 말하는 게 좋아. 친구의 부모님에게 가장 먼저 말씀드리고, 자신의 부모님에게도 알려야 해. 핸드폰이 있다면 그 자리에서, 핸드폰이 없다면 집에 돌아가서 바로 말하자. 어떤 상황이었는지 파악하고 수리가 가능한지 혹은 새로 사야 하는지 등 부모님들끼리 상의해서 해결하는 게 가장 좋은 방법이야.

> **이것만은 꼭 알아 둬**

바로 돈을 건네지 마

용돈으로 해결할 수 있는 금액이라 해도 어린이들끼리 돈을 주고받는 일은 조심해야 해. 돈을 주고받다 보면 새로운 문제가 생길 수도 있기 때문이야. 바로 돈을 건네지 말고 "일단 집에 가서 부모님에게 말씀드릴 테니까 조금 기다려 줘"라고 말하는 게 좋아.

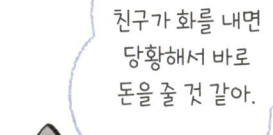

친구가 화를 내면 당황해서 바로 돈을 줄 것 같아.

누구나 겪을 수 있는 일이야. 어떻게 해결하는 게 좋은지 잘 기억해 두자!

초등 현실 밀착 사례

친구랑 물건을 바꾸고 싶다면

희귀한 카드나 인기 있는 굿즈는 구하기 어려운 경우가 많아. 가격이 아주 비싼 경우도 많지. 그래서 친구들끼리 필요한 물건을 서로 교환하기도 할 거야. 이때는 어떤 점에 주의해야 할까?

> 이렇게 해 봐

되도록 물건을 바꾸지 않아야 해

돈을 주고 산 물건을 교환하는 일은 사실상 돈을 주고받는 것과 같아. 돈 거래는 종종 문제를 일으킬 수 있다고 했지? 물건 교환도 마찬가지야. 이런 문제가 생기는 걸 막기 위해서 물건을 교환하는 것도 되도록 하지 않는 게 좋아.

친구에게 말하기 어려울 수도 있지만 확실히 거절하는 게 좋아.

> 이것만은 꼭 알아 둬

교환할 때는 가치가 비슷한 것끼리 해야 해

빵에 들어 있는 스티커나 CD에 들어 있는 포토카드는 자주 나오는 것과 그렇지 않은 것 사이의 가치가 크게 차이 나. 가치나 가격이 다른 물건을 교환하는 것은 올바른 거래가 아니야. 요즘에는 중고거래 앱에서 시세를 확인해 볼 수 있으니, 교환 전에는 검색을 해 보는 게 좋아. 가치나 가격이 비슷한 물건으로 교환해야 올바른 거래인 거야.

교환으로 돈을 벌려는 생각은 하지 말아야 한다는 거구나.

초등 현실 밀착 사례

무료인 줄 알았는데 아니었다면

무료라고 표시된 서비스나 게임도 실제로는 비용이 발생하는 경우가 있어. 나중에 엄청난 요금 폭탄 고지서가 날아올 수도 있으니 주의해야 하지. 어떤 것을 알아 두면 좋을까?

> 이렇게 해 봐

게임을 내려받기 전에 부모님에게 확인하자

핸드폰에 어떤 서비스나 게임을 내려받을 때는 먼저 부모님에게 확인하는 게 좋아. 다운로드 자체는 무료이더라도 게임을 진행하거나 아이템을 얻기 위해서는 결제가 필요한 경우가 많거든. 실수로 눌러서 모르는 사이에 요금이 청구되지 않도록 설정을 한 후에 이용해야 해.

게임을 신나게 즐기려면 이것쯤이야!

유료 / 무료

돈을 내는 대신 개인정보를 내는 거라고 생각하면 돼. 무료라고 써 있어도 주의하자!

> 이것만은 꼭 알아 둬

왜 무료인지 생각해 볼까?

서비스 자체는 무료여도 광고를 봐야 하는 경우가 많아. 광고를 클릭해서 넘어가면 서비스 제공자가 이익을 얻는 구조인 거야. 또한 광고 중에는 어린이가 보기에 적당하지 않은 것도 있어서 주의해야 해. 한편 이름이나 주소 같은 개인정보를 입력해야 이용할 수 있는 것도 있어. 이용료 대신 개인정보를 내는 셈이지. 피싱 같은 범죄에 악용될 위험이 있으니 조심할 것!

더 알아보기

다른 사람을 위해 돈을 쓴다고?

돈은 다른 사람을 위해서도 사용할 수 있어. 어려운 사람을 돕거나 더 나은 사회를 만들기 위해 쓰는 게 대표적이야. 어떤 경우가 있는지 알아보자.

기부

공공 단체 등에 돈이나 물건을 제공하는 것을 기부라고 해. 계산대 옆에 놓여 있는 기부 저금통이나 길에서 기부금을 받는 모습을 본 적이 있어? 이렇게 모인 돈과 물품은 지진이나 홍수처럼 자연재해로 힘들어하는 사람들을 돕거나, 가난한 나라의 어린이들에게 음식과 약품을 지원하는 일에 쓰여. 크리스마스 시기에 길에서 볼 수 있는 빨간 냄비 모양의 구세군 모금부터 사회복지공동모금회 사랑의열매, 굿네이버스 등이 대표적이야.

▶ 기부 단체의 로고

크라우드펀딩

좋은 아이디어가 있지만 자금이 부족한 사람이 자신의 계획을 인터넷에 공개해 도움을 요청하는 것을 크라우드펀딩이라고 해. 사람들이 그 계획된 상품이나 서비스를 구매해서 도와주는 거지. 기부를 해 주거나 투자나 대출을 제공하는 방식으로 참여할 수도 있어. 더 나은 사회를 만들기 위해 열정을 지닌 사람들을 응원하고 지원하는 거야. 펀딩을 할 수 있는 플랫폼으로는 와디즈, 텀블벅, 크라우디, 스토리펀딩 등이 있어.

> 크라우드펀딩을 통해 받은 돈은 계획한 대로 사용해야 할 책임이 있어.

4장
돈, 미리 배워 봐!

일해서 돈 벌기

지금부터는 어른이 된 후의 돈 관리법에 대해 알아볼 거야. 먼저 돈을 벌려면 일을 해야겠지. 그런데 어떤 일을 할 수 있을까? 또 돈을 많이 벌려면 일을 많이 하는 게 좋을까?

일은 많이 할수록 좋을까?

일과 소비에 대한 유형별 조언

누군가는 돈을 벌어야 하니까 괴롭지만 참고 일을 하기도 하고, 누군가는 인생과 일의 균형을 맞추면서 즐겁게 일하기도 하지. 명심해야 할 것은 일은 인생을 풍요롭게 하기 위한 도구라는 거야. 일을 해서 돈을 벌 때 어떤 점에 주의해야 하는지 유형별로 알아보자.

쇼핑왕

씀씀이가 크기 때문에 그만큼 돈을 많이 벌어야 하는 유형이야. 하지만 워낙 당장의 재미를 찾는 성향이 강해서 일에 흥미를 느끼기가 쉽지 않지. 진짜 좋아하는 일을 찾으면 일도 놀이처럼 할 수 있을 거야.

배려왕

내가 하고 싶은 일이 무엇인지 알지 못한 채 부모님이나 친구의 권유로 직업을 선택하기 쉬운 유형이야. 때문에 일하면서 만족감을 느끼지 못하지. "이 일이 정말 내가 하고 싶은 일일까?" 하고 스스로에게 물어봐야 해.

고민왕

하는 일이 만족스럽지 않아도 돈을 벌어야 하니까 참고 계속하는 유형이야. 돈을 벌기 위해 할 수 있는 일은 아주 다양하다는 것을 알아 뒀으면 해. 하고 있는 일이 맞지 않을 때는 과감히 다른 직업을 찾아보는 것도 방법이야.

절약왕

돈 모으는 재미에 너무 일만 하다 건강에 문제가 생기기 쉬운 유형이야. 자신을 위해서는 한 푼도 쓰지 않고 아끼기만 하다가 나중에 후회하는 경우도 많아. 인생의 행복이 어디에서 오는지 고민해 보고 균형을 맞추는 게 중요해.

 ## 돈을 버는 가장 기본적인 방법, 노동

돈을 버는 가장 기본적인 방법은 일을 하는 거야. 다른 사람에게 도움이 되는 노동력을 제공하고 그 대가로 돈을 받는 거지.

어떻게든 돈을 벌기만 하면 괜찮을까?

돈을 버는 이유는 삶을 더 풍요롭고 행복하게 만들기 위해서야. 하지만 사기나 도둑질처럼 남에게 피해를 주는 방법으로 번 돈으로는 행복할 수 없어. 그럴 의도가 없었다고 해도 범죄에 연루되어 죗값을 치르게 되거든. '단기간 고수익 아르바이트'와 같은 말을 조심해야 해. 짧은 시간 안에 많은 돈을 버는 것은 쉬운 일이 아니야. 쉽게 돈을 벌 수 있다는 유혹을 항상 조심하자.

가난한 사람보다 부자가 더 훌륭할까?

돈을 많이 번다고 해서 적게 버는 사람보다 더 훌륭한 것은 아니야. 일을 하고 받는 돈의 크기는 수요와 공급의 원리에 따라 달라지기 때문이지. 또 일의 종류나 회사의 사업 내용에 따라서 차이가 나기도 해. 결국에는 어떤 일을 선택하느냐가 가장 중요한 문제인 거야.

일하고 받는 돈은 어디에서 올까

회사에서 일하고 그 대가로 급여를 받을 때, 그 돈은 어디서 오는 걸까? 그 돈은 회사가 고객에게 물건을 팔거나 서비스를 제공해서 번 이익에서 오는 거야. 한편 어떤 회사가 하는 일이 사회를 위해 꼭 필요한 일이라고 판단되면 나라(지방자치단체)에서 회사에 지원금을 주기도 해. 이때의 지원금은 국민이 내는 세금으로 마련하는 거야. 다시 말해서 우리가 일해서 받는 돈은 사회 안에서 끊임없이 돌고 도는 셈이지.

돌고 도는 돈

⭐ 정부 지원금

⭐ 어린이집에 아이를 맡기고 보육료를 납부하기도 하지.

⭐ 어린이집에서는 정부 지원금으로 필요한 장난감을 사고 보육교사의 급여를 지급해.

⭐ 어린이집에 아이를 맡기고 보육료를 납부하기도 하지.

⭐ 직원들은 일하고 받은 급여로 식료품을 구입해.

⭐ 장난감 회사는 장난감을 팔아서 얻은 돈으로 직원들에게 급여를 지급해.

2 일을 하는 방식은 어떤 것이 있을까

일을 하는 방식은 크게 회사원, 개인사업자, 경영자로 나눌 수 있어. 이 외에도 아르바이트나 프리랜서처럼 일시적으로 계약을 맺고 일하는 방식도 있지만, 여기서는 대표적인 세 가지 방식만 자세히 알아보자.

돈을 받거나, 주거나, 스스로 벌거나

회사원

회사에서 일하고, 회사가 얻은 이익을 돈으로 받는 사람이야. 급여를 받는 방식은 매월 정해진 금액을 받는 월급제, 일한 시간만큼 받는 시급제, 일의 성과에 따라 받는 성과제 등이 있어. 회사가 아닌 국가나 지방자치단체에 고용되어 일하는 사람은 '공무원'이라고 불러.

경영자

직접 회사를 세우고 직원을 고용해서 일하는 사람이야. 회사의 수익으로 직원들에게 급여를 지급하고, 남은 수익은 회사의 성장과 미래를 위해 투자하거나 저축해. 직원들의 생계를 책임져야 하는 만큼 큰 책임감이 필요해.

개인사업자

회사에 소속되지 않고 혼자서 가게를 운영하거나 서비스를 제공해서 돈을 버는 사람이야. 가게의 사장님은 자영업자라고 부르기도 해. 자신이 좋아하는 일이나 특기를 살릴 수 있다는 장점이 있지만, 일이 잘 들어오지 않거나 손님이 없으면 수입이 불안정해진다는 단점도 있어.

※ 여기서 설명하는 업·직종에 관한 정보는 한국 통계청에서 발표한 「한국표준직업분류(2024년 7월 1일 고시)」를 바탕으로 작성되었습니다.

회사에서는 어떤 일을 할까

한국표준직업분류에 따르면 무려 1,270개의 직업이 있다고 해. 그런데 한 회사 안에서도 하는 일이 다양하다는 사실을 알고 있어?

▷ **기획직**

반짝이는 아이디어로 새로운 상품과 서비스를 기획하는 일을 해. 시장을 분석하고 사람들에게 어떤 상품이 필요한지 발견하는 능력이 필요해.

▷ **기술직**

기획직에서 낸 아이디어를 전문적인 지식을 활용해 실제 제품으로 만드는 일을 해. 애플리케이션이나 시스템을 개발하는 엔지니어, 건물을 설계하는 건축가, 전자기기를 수리하는 기술자 등이 있어.

▷ **영업직**

만들어진 상품과 서비스를 고객에게 소개하고 구매하게 만드는 일을 해. 고객의 요구사항을 듣고, 상품과 서비스를 추천할 수 있어야 해.

▷ **사무직**

회사에서 필요한 서류를 작성하고, 데이터를 정리하는 등 다른 직원들이 편안하게 일할 수 있도록 돕는 일을 해. 회계 등의 전문적인 지식이 필요한 경우도 있어. 일을 체계적으로 정리하고 정확하게 처리하는 능력이 필요해.

일하는 사람을 지켜주는 법, 근로기준법

회사와 직원은 원칙적으로는 서로 동등한 관계지만, 현실에서는 직원이 불리한 입장이 되는 경우가 많아. 그래서 누구나 정당한 조건에서 일할 수 있도록 보호하는 법이 마련되어 있는데, 그게 바로 근로기준법이야. 회사원이든 아르바이트생이든 관계없이, 모든 근로자를 보호하기 위해 만들어졌어. 지나치게 힘들거나 불리한 조건에서 일하지 않도록 근무 시간, 휴일, 임금 등의 기본적인 규칙을 법으로 정해 두었지. 특히 아역 배우와 같이 어린이가 일할 때는 근로 시간과 업무의 종류를 더욱 엄격하게 제한해서, 무리하지 않도록 특별히 보호하고 있어.

3 나에게 맞는 일은 무엇일까

요즘은 직업도, 일하는 방식도 정말 다양해서 나중에 어떤 일을 해야 할지 고민될 때가 많을 거야. 단순히 돈을 많이 벌 수 있다는 이유만으로 직업을 선택하면 나와 맞지 않아 금방 힘들어질 수도 있어. 우리는 인생에서 오랜 시간을 일하며 보내기 때문에 나에게 맞는 직업을 선택하는 것은 매우 중요해. 내가 좋아하는 일을 직업으로 삼거나, 관심 있는 분야에서 일하면 더 즐겁고 만족스럽게 일할 수 있을 거야. 지금부터 나에게 맞는 직업과 일하는 방식이 무엇일지 곰곰이 생각해 보자.

부모님과 주변 어른들에게 지금 하시는 일이 무엇인지 물어볼래!

본업과 부업

본업(주된 직업) 외에 남는 시간이나 에너지를 활용해서 일하는 것을 부업이라고 해. 여러 가지 부업을 하는 경우도 있어서 'N잡러'라는 신조어도 생겼지. 단순히 돈을 더 벌기 위해서만이 아니라, 새로운 도전해 보거나 나에게 맞는 일을 찾기 위해 부업을 하는 사람들도 있어.

타임 버킷으로 하고 싶은 일 찾기

미래의 직업을 찾는 방법으로 '타임 버킷'을 추천해. 머릿속으로 5년 후, 10년 후, 15년 후라고 적힌 버킷(상자)을 떠올린 뒤, 그때까지 하고 싶은 일을 각각의 버킷에 하나씩 담아보는 거야. 오로라 보러 가기, 스쿠버 다이빙 해 보기처럼 떠오르는 것은 무엇이든 적어도 돼. 이렇게 정리하면 어떤 목표를 이루고 싶은지 더 분명해지고, 그 목표를 위해 지금 무엇을 준비해야 하는지 계획할 수 있어. 나에게 어떤 직업이 잘 맞을지도 자연스럽게 알게 될 거야.

몇 살이 되었을 때 무엇을 하고 싶은지 생각해 봐도 좋아. 머릿속에 떠오르는 것들을 자유롭게 적어 봐. 좋아하는 일과 하고 싶은 일을 따라 가다 보면 언젠가 나에게 꼭 맞는 직업을 찾을 수 있을 거야.

더 알아보기

어린이도 할 수 있는 용돈 벌기

일을 해서 규칙적으로 돈을 버는 것은 어른이 되어야 할 수 있지만, 가끔씩 어린이도 돈을 벌 수 있는 방법이 있어. 다음 세 가지 방법을 참고해 봐!

필요 없는 물건 팔기

이제는 갖고 놀지 않는 장난감이나 다 읽은 책이 있다면, 그냥 버리지 말고 벼룩시장(프리마켓)이나 중고거래 사이트에 팔아 봐. 필요한 사람은 물건을 싸게 살 수 있어서 좋고, 파는 사람은 용돈을 벌 수 있어서 좋아. 18세 미만의 어린이는 보호자의 허락이 있어야 중고거래 앱을 이용할 수 있으니까 부모님과 상의는 필수! 아파트 단지나 마을에서 주최하는 벼룩시장을 찾아보는 것도 좋아.

이게 바로 '아나바다'! 아껴 쓰고 바꿔 쓰고 나눠 쓰고 다시 쓰는 것! 처치곤란한 물건이 다른 사람에게는 꼭 필요한 물건이 되니까 정말 기분 좋은 일이야.

이모티콘 판매하기

카카오톡, 네이버 라인 같은 메신저 앱에서는 문자 메시지에 사용하는 이모티콘을 어린이도 직접 만들어서 판매할 수 있어. 어떤 디자인이 인기가 있을지 생각해 보고, 나만의 개성을 담은 이모티콘을 만들어 보는 것도 재미있을 거야. 각각의 플랫폼마다 심사를 통과할 수 있는 자세한 규정이 있으니, 만들기 전에 부모님과 함께 '제안 가이드'를 확인해 보는 게 좋아.

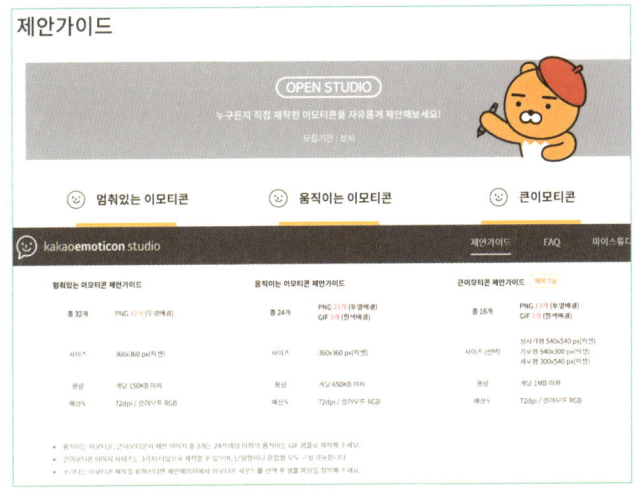

▶ 카카오톡 이모티콘 제안 가이드

포인트 모으기

용돈 카드 회사에서 제공하는 용돈 관리 앱에서는 경제 문제를 풀거나 모의 주식 투자에서 순위권에 들면 현금처럼 사용할 수 있는 포인트를 줘. 한편 물건을 살 때마다 현금처럼 사용할 수 있는 리워드 포인트가 쌓이는 서비스를 활용할 수도 있어. 포인트를 조금씩 모으다 보면 나중에 꽤 쏠쏠하게 쓸 수 있지.

투자로 돈 불리기

일을 해서 돈을 벌었다면, 그 후에는 투자로 돈을 불릴 수 있어. 투자는 돈을 잃을 수도 있기 때문에 꼭 충분히 공부를 한 다음에 시작해야 해.

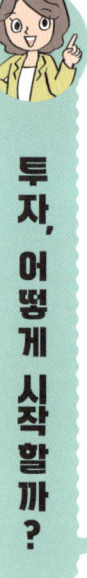

투자, 어떻게 시작할까?

투자에 대한 유형별 조언

투자에는 주식, 채권, 펀드 등이 있어. 하지만 아무런 공부 없이 시작했다가는 원금마저 잃을 수 있지. 그렇다고 돈을 은행에 넣어 두기만 하는 것은 어리석은 일이야. 유형별로 어떻게 하면 똑똑하게 투자할 수 있는지 알아보자.

쇼핑왕

다른 사람의 말만 듣고 "어쩌면 나도 큰돈을 벌 수 있지 않을까?"라는 생각으로 여러 투자에 손을 대는 유형이야. 먼저 투자의 기본 개념부터 제대로 공부하고, 적은 금액부터 차근차근 시작하는 게 좋아.

배려왕

친구가 추천한 방법대로 투자를 시작했다가 중간에 마음이 흔들려서 충분한 이익을 보지 못하고 그만두는 유형이야. 용돈 관리법과 마찬가지로 투자도 나에게 맞는 방식이 있어. 투자의 종류와 장단점에 대해 알아보길 추천해.

고민왕

원하는 결과가 바로 나오지 않으면 불안해하는 유형이야. 생각이 많아서 원금 손실을 특히 견디기 어려워해. 한 번에 많은 돈을 투자하기보다는 적은 돈으로 꾸준히 투자하는 적립식 투자가 잘 맞아.

절약왕

할인 쿠폰, 멤버십 혜택을 잘 활용하는 유형으로 배당금을 주는 주식에 투자하는 방법이 잘 맞아. 좋아하는 회사에 투자하면 돈을 버는 재미뿐만 아니라 뿌듯함도 느낄 수 있을 거야.

1 가진 돈을 키우는 방법, 투자

투자란, 내가 가지고 있는 여윳돈을 회사에 맡겨서 그 돈이 회사 운영에 쓰이도록 하는 거야. 내가 직접 일을 하지 않아도, 그 회사의 성과에 따라 내가 투자한 돈이 늘어나거나 줄어들 수 있지. 한편 회사가 성장해서 이익이 생기면 투자한 사람들에게 그 일부를 돌려주기도 해. 투자를 할 때는 투자의 원리부터 투자하고자 하는 회사의 상태까지 꼼꼼히 파악해야 소중한 돈을 잃지 않아.

투자의 종류 ①
주식 투자

주식(株式)이란, 회사의 주인이 될 수 있는 권리를 말해. 주식을 사면 누구든 그 회사의 주인이 될 수 있어. 이렇게 주식의 발행을 통해 여러 사람으로부터 자본을 조달받는 회사를 주식회사라고 불러. 주식 투자는 이러한 주식의 가격 변동을 이용해서 돈을 버는 거야. 예를 들어 10만 원에 산 주식이 11만 원이 될 때 되팔아서 차익을 얻는 거지. 한편 주식회사가 이익을 내면 주식을 가진 사람들(주주)에게 일정 금액을 나눠 주기도 하는데, 이건 배당금이라고 불러. 회사의 실적에 따라 작년에는 주당 1만 원, 올해에는 5,000원과 같은 식으로 수익을 배분해 주는 거야.

회사의 주인이 된다니 신기하다!

투자의 종류 ②
채권 투자

채권이란, 정부나 회사가 투자자로부터 돈을 빌리기 위해 발행하는 문서를 말해. 쉽게 말해 채권 투자는 정부나 기업에 돈을 빌려주고 나중에 돌려받는 투자 방법이야. 채권을 사면 일정 기간 후에 내가 빌려준 돈을 돌려받을 수 있고, 그동안 정기적으로 이자를 받을 수 있어. 국가가 발행하는 채권은 국채, 회사가 발행하는 채권은 회사채라고 해.

> 투자가 어렵게 느껴져? 키움증권, 토스 등 모의투자 서비스를 제공하는 어플로 한번 경험해 봐.

투자의 종류 ③
펀드 투자

투자 전문가가 운영하는 펀드에 돈을 맡기고, 대신 투자를 해 달라고 하는 방법이야. 펀드는 여러 사람으로부터 모은 돈을 한꺼번에 운영하고, 그 수익을 다시 투자자들에게 나눠 주지. 하지만 전문가라고 해도 항상 이익을 내는 것은 아니니까, 손해를 볼 수도 있다는 점을 꼭 알아 둬야 해.

> 내가 투자한 주식·채권이 수익을 내고 있는지는 인터넷에서 실시간으로 확인할 수 있어.

꼭 지켜야 할 투자의 원칙

조금씩 적립식으로 투자하자

적립식은 매달 일정한 금액을 꾸준히 투자하는 방법이야. 주식이나 채권의 가격은 오르기도 하고 내리기도 해. 물론 가장 저렴할 때 사는 게 좋지만, 그 시기를 정확히 맞추는 것은 어려워. 때문에 매달 일정한 금액을 꾸준히 투자하는 적립식을 추천해. 한번에 큰돈을 투자하는 게 아니라서 안정적으로 투자할 수 있어.

조급해하지 말자

5년 만에 투자를 그만두는 것보다 20년 동안 꾸준히 하는 게 더 좋은 결과를 낸다는 연구 결과가 있어. 투자하다 보면 수익이 좋을 때도 있고 나쁠 때도 있으니까 단기적인 변화에 조급해하거나 흔들리지 않아야 한다는 뜻이야. 10년, 20년처럼 긴 기간을 두고 꾸준히 유지하는 게 수익을 내는 방법이야.

투자처를 나누자

"계란을 한 바구니에 담지 말라"는 말을 들어본 적 있어? 한 회사에만 투자하면 그 회사의 실적이 나빠졌을 때 큰 손해를 볼 수 있기 때문이야. 하지만 여러 회사에 분산 투자하면 한 곳에서 손해를 보더라도 다른 곳에서 이익을 내서 손실을 줄일 수 있지.

참고 기다리자!

안정적인 투자를 위해서는 투자처뿐 아니라 투자 기간과 투자 금액도 분산해야 해.

 ## 좋아하는 기업에 투자해 봐

어떤 기업에 투자할지 결정하는 것은 투자 전문가들에게도 쉽지 않은 일이야. 기업의 실적을 보고 투자처를 결정해도 예측하지 못한 일이 터져 손해를 볼 수도 있거든. 그래서 추천하는 방법은 좋아하는 회사에 투자하는 거야. 내가 좋아하는 브랜드를 만드는 기업 또는 더 나은 세상을 위해 노력하는 기업을 찾아 투자하는 거지. 내가 투자한 돈이 그 회사의 성장에 힘이 되도록 말이야.

알아 두면 힘이 되는 투자 상식

☆ **주식에서 빨간색과 파란색**
주식을 샀다면 앱에서 내가 투자한 돈이 일을 잘하고 있는지 볼 수 있어. 내가 투자한 금액이 빨간색이거나 위로 향한 빨간 화살표(▲)와 함께 있다면 수익이 났다는 뜻이야. 반대로 파란색이거나 아래로 향한 파란 화살표(▼)와 함께 있다면 손실이 났다는 뜻이야.

☆ **소액 주식 투자란?**
예전에는 주식을 사려면 한 주 이상 사야 했지만, 최근에는 일부 온라인 증권 플랫폼에서 주식을 분할 매수할 수 있는 서비스가 등장했어. 하나의 주식을 여러 개로 나누어서 소액으로도 투자할 수 있게 만든 거야. 한편 ETF나 펀드와 같이 여러 주식을 한꺼번에 모아 놓은 금융 상품에 투자하는 것도 소액 주식 투자의 효과를 내.

돈을 빌린다는 것

어른이 되면 대출을 이용할 수 있어. 부족한 돈을 은행이나 금융기관에서 빌리는 거지. 물론 돈을 갚을 때는 원금과 이자를 함께 내야 해. 불필요한 이자를 부담해야 하니까 대출은 하지 않는 게 좋은 걸까?

자동차를 언제 사야 할까?

대출에 대한 유형별 조언

어른이 되면 돈을 빌려야 할 때가 생기기도 해. 대출은 무조건 피해야 하는 것이 아니야. 빌린 돈으로 할 수 있는 일의 가치가 더 크다면 대출을 활용하는 것도 똑똑한 방법이야. 어떻게 하면 대출을 똑똑하게 활용할 수 있을지 알아보자.

쇼핑왕

돈을 쓸 때 대출이나 후결제 같은 방법을 적극적으로 활용하는 유형이야. 과소비를 하지 않도록 조심해야 해. '매달 ○○원을 갚아서 10년 안에 모두 상환한다'와 같이 구체적인 계획을 세운 뒤에 돈을 빌리는 게 좋아.

배려왕

누군가 "지금 이자가 저렴하니까 대출을 받아야 해. 지렛대 알지? 네 돈을 10배로 불려 줄 거라고"라고 말하면 쉽게 넘어가는 유형이야. 무작정 대출을 받았다가 나중에 후회할 수도 있으니 조심해야 해.

절약왕

이자를 내는 건 손해라고 생각해서 돈을 빌리지 않는 유형이야. 자동차나 집처럼 큰돈이 드는 물건도 돈을 다 모은 후에 사려고 하다 보니 시간이 오래 걸리기도 해. 현재에만 누릴 수 있는 것들이 무엇이 있는지 따져 보면 도움이 될 거야.

고민왕

원금과 이자를 감당하지 못할까 봐 고민만 하고 돈을 빌리지 못하는 유형이야. 하지만 대출도 잘 활용하면 유용해. 대출의 장단점을 꼼꼼히 따져 보고 필요할 때는 적절히 활용하는 게 좋아.

1 빚은 나쁜 걸까

절대 빚은 지지 않아야 한다는 생각을 지니고 있는 사람들이 많아. 하지만 빚이 꼭 나쁜 것은 아니야. 아무런 계획 없이 빌리는 빚이 나쁜 거지. 어떻게 갚을 것인지 계획하고 돈을 빌리면 할 수 있는 일이 많아질 거야.

돈을 빌리면 붙는 대출 이자

이자란, 빌린 돈을 갚을 때 '돈을 빌려준 것에 대한 보답'으로 내는 돈이야. 돈을 빌려주는 은행이나 금융기관의 수익인 거지. 빌린 금액이 많을수록 그리고 빌린 기간이 길수록 돈을 갚을 때 이자도 더 많이 내야 해. 그래서 돈을 빌릴 때는 원금뿐 아니라 이자까지 갚을 수 있는지 신중하게 고려해 봐야 해.

돈을 빌리는 다양한 방식

후결제

물건을 받거나 서비스를 이용한 후, 돈은 나중에 내는 방식이야. 신용카드가 대표적이야. 돈이 없어도 구매할 수 있어서 편리하지만, 당장 나가는 돈이 없으니까 얼마나 썼는지 실감이 나지 않아서 감당할 수 있는 금액을 넘길 위험이 있어.

리볼빙 결제

리볼빙 결제 역시 신용카드를 사용해 돈을 빌리는 방식이야. 할부 결제는 3개월, 10개월처럼 돈을 갚는 횟수가 정해져 있지만, 리볼빙 결제는 매달 정한 일정 비율의 금액만 내면 갚는 횟수에 제한이 없어. 예를 들어 매달 '쓴 돈의 30퍼센트만 결제한다'처럼 정해서 나머지 결제는 계속 다음 달로 넘기는 거지. 절약하지 않고 매달 똑같이 소비를 한다면 그만큼 돈을 갚아야 하는 기간이 길어질 수밖에 없겠지?

할부 결제

이것 역시 신용카드로 물건을 살 때 사용할 수 있는 방식이야. 할부는 돈을 나누어 낸다는 뜻으로, 할부로 결제하면 한 번에 물건 값이 전부 빠져나가지 않아. 신용카드 회사가 먼저 돈을 대신 내 주고, 이용자는 3개월 할부, 10개월 할부처럼 여러 번에 나누어 갚는 거야. 할부 개월 수에 따라 수수료(이자)가 발생할 수도 있으니 주의해야 해.

대출

은행이나 금융기관에서 돈을 빌리고 매달 일정 금액을 갚아 나가는 방식이야. 집을 살 때 이용하는 주택담보대출이나 차를 살 때 이용하는 오토론처럼 용도가 정해진 대출 상품도 있어. 돈을 갚을 능력이 있는지 심사를 받고, 통과해야만 대출을 받을 수 있어.

어릴 때부터 돈을 빌리는 방법과 주의할 점을 알아 두면 나중에 당황하지 않겠지?

 ## 돈은 언제 빌려야 할까

적금이나 예금, 투자로 착실히 돈을 불려도 수중에 있는 돈으로 감당하기 어려울 때가 있어. 그때가 바로 돈을 빌려야 할 때야. 예를 들어 결혼을 하면 집을 마련해야 하고, 아이가 생기면 더 넓은 집이 필요할 거야. 집을 사려면 큰돈이 필요한데 그 돈을 다 모을 때까지 기다리다가는 정작 필요한 시기에 집을 살 수 없으니까. 즉, 필요한 시기와 갚을 수 있는 능력을 고려해서 은행에서 대출을 받아야 하는 거야.

사업을 시작했다면 사업을 키우기 위해 돈을 빌려야 할 때도 있어.

돈을 빌릴 때는 은행처럼 믿을 수 있는 금융기관에서 빌려야 해.

사람들이 자주 이용하는 빚의 종류

주택담보대출·전세자금대출

우리나라에서 집을 사려면 큰돈이 필요해. 그래서 많은 사람들이 주택담보대출을 이용하곤 해. 빚을 제대로 갚지 못할 경우 은행이 주택을 빼앗아가겠다는 조건으로 대출을 해 주는 거야. 집을 사지 않고 전세로 빌려 쓸 때도 많은 돈이 필요해서 전세자금대출을 받기도 해.

학자금 대출

경제적인 이유로 대학교나 대학원에 가기 어려운 사람을 돕기 위해 돈을 빌려주는 제도야. 대출 기간 동안 일정하게 원금과 이자를 나눠서 갚거나, 취업을 한 뒤에 소득이 발생한 시점부터 본격적으로 갚기도 해.

자동차 대출

집을 살 때와 마찬가지로 차를 살 때도 큰돈이 필요해서 대출을 이용해. 이때 이용하는 대출을 자동차 대출 혹은 오토론이라고 불러.

스마트폰 할부

스마트폰의 원래 가격은 100만 원이 넘어. 최신 폰일수록 더욱 비싸지. 그런데 처음 살 때는 돈을 내지 않는 경우가 많아. 스마트폰을 할부로 구매해서 금액을 매달 나눠 내기 때문이야. 요금 청구서를 보면 매달 내는 통신비와는 별도로 기기값이라는 이름으로 스마트폰의 가격이 따로 청구되어 있는 걸 볼 수 있을 거야. 먼저 스마트폰을 사용하면서 빚을 갚는 셈이지.

만 19세가 되면 달라지는 것들

만 19세가 되면 스마트폰을 할부로 구매하거나 자신의 이름으로 신용카드를 만들 수 있어. 신용카드를 만든다는 것은 내 이름으로 돈을 빌릴 수 있다는 뜻이야. 또한 소비를 할 때 더 이상 부모님의 허락을 받지 않아도 된다는 뜻이지. 소비의 자유가 생긴 만큼 책임도 커진다는 사실을 명심해야 해. 또한 막 어른이 된 순진한 이들을 속이려는 나쁜 사람들도 있다는 점도 기억하자.

더 알아보기

똑똑한 소비 습관을 지닌 균형왕 되기

5장
부자가 되려면 꼭 알아야 할 경제 상식

돈, 궁금해요!

은행에 대해 얼마나 알고 있어?

Q 은행은 무슨 일을 하는 곳일까?

A 세상의 돈을 움직이는 곳이야

은행은 크게 세 가지 중요한 일을 해. 먼저 사람들의 돈을 안전하게 보관해 주는 예금 업무야. 그리고 돈이 필요한 사람이나 기업에 돈을 빌려주는 대출 업무도 해. 또 회사에서 직원에게 월급을 보내거나, 개인이 카드회사에 돈을 보내는 등의 송금 업무도 하고 있어. 은행은 세상에 돈이 잘 돌 수 있도록 돕는, 없어서는 안 될 아주 중요한 곳이야.

급할 땐 편의점에 있는 ATM 기계에서 은행 서비스를 이용할 수 있어. 다만 수수료가 나올 수도 있어.

요즘은 카카오뱅크, 토스뱅크처럼 오프라인 은행 없이 인터넷에서만 업무를 처리하는 인터넷 은행도 점점 늘고 있어.

은행의 3대 업무

예금
은행은 사람들이 돈을 안전하게 보관할 수 있도록 맡아 줘. 집에 돈을 그냥 두면 잃어버리거나 도난당할 위험이 있지만, 은행에 예금해 두면 안전해. 또 돈을 은행에 맡기면 이자까지 받을 수 있어. 돈이 스스로 일하게 만드는 가장 손쉬운 방법이야.

대출
은행은 사람들이 맡긴 돈을 필요한 사람이나 기업에 빌려줘. 그리고 나중에 돈을 돌려받을 때는 돈을 빌려준 대가로 이자를 받지.

송금
회사가 직원들에게 월급을 보내는 일을 대신해 주거나, 개인이 신용카드로 결제한 돈을 대신 보내 주는 일도 해. 또 개인이 돈을 다른 계좌로 보내는 송금 업무도 도맡아서 해.

은행들의 체계

앞에서 한국은행은 우리나라의 중앙은행으로 돈을 발행한다고 배웠어. 그렇다면 지금 배운 은행의 3대 업무를 하는 은행은 뭐라고 부를까? 바로 상업은행이라고 불러. 상업은행은 서울을 주 영업구역으로 하는 시중은행, 지방을 주 영업구역으로 하면 지방은행으로 나뉘어져. 시중은행은 다시 한번 외국계 시중은행과 인터넷 은행으로 나뉘어.

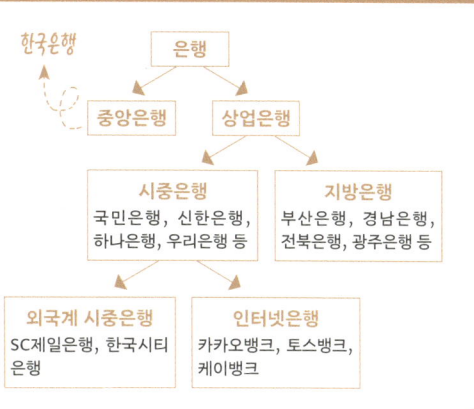

Q 경기가 좋다, 경기가 나쁘다는 무슨 뜻일까?

뉴스에서 자주 들었지만 정확한 뜻은 모르겠어.

 **시중에 도는 돈의 양을 의미해**

회사가 돈을 많이 벌고 직원들의 월급이 오르면, 사람들은 물건을 많이 사게 돼. 그러면 시중에 도는 돈이 많아지고 사람들의 생활도 여유로워지지. 이것이 경기가 좋은 상황이야.

반대로 회사가 돈을 벌지 못해서 직원들의 월급이 줄어들면, 사람들은 소비를 줄이고 돈을 아끼기 시작해. 그러면 시중에 돈이 잘 돌지 않게 되지. 이것이 경기가 나쁜 상태야. 한 나라의 경제는 이렇게 경기가 좋을 때와 나쁠 때가 반복되면서 성장하는 거야.

경기가 나쁜 불경기가 계속될 때는 정부나 한국은행이 문제를 해결하고자 새로운 정책을 마련하기도 해.

Q 원화 강세, 원화 약세는 무슨 뜻일까?

A 해외에서 봤을 때의 우리나라 돈의 가치를 말해

미국에서 오렌지 1개의 가격이 1달러라고 가정해 보자. 만약 1달러가 우리나라 돈으로 1,300원이라면 오렌지 1개를 사는 데 1,300원이 필요할 거야. 하지만 우리나라와의 관계나 경제 상황에 따라 1달러의 원화('원'을 단위로 하는 돈) 가치는 변할 수 있어.

만약 1달러가 1,500원으로 바뀌면 같은 오렌지를 사기 위해 1,500원이 필요해. 즉, 원화의 가치가 낮아진 상태인 거지. 이것을 원화 약세라고 해. 오렌지값이 비싸진 것처럼 보이지만 사실은 원화의 가치가 떨어진 거야. 반대로 1달러가 1,100원이 되면 오렌지를 사는 데 1,100원만 있으면 되겠지. 즉, 원화의 가치가 높아진 상태인 거야. 이것을 원화 강세라고 한단다.

Q 세금이 궁금해!

전기세는 들어 본 적이 있는데 다른 세금도 있어?

A 국민의 생활을 지탱하는 돈이야

세금은 나라를 운영하고 사회를 안전하게 유지·발전시키기 위해 국민이 조금씩 내는 돈이야. 학교에서 사용하는 교과서를 만들거나 도로 공사를 하는 데 사용되지. 경찰관이나 소방관과 같은 공무원의 월급도 세금으로 지급돼. 우리 생활에서 가장 익숙한 세금은 물건을 살 때 가격에 포함된 부가가치세야. 이 세금은 나이에 상관없이 누구나 부담해야 하지. 세금을 낼 때 아깝다는 생각이 들 수도 있지만, 세금이 없다면 국가 운영이 어려워지고 우리가 누리는 다양한 공공 서비스도 유지될 수 없을 거야.

세금의 주요 사용처

도로와 다리

국민이 편리하게 생활할 수 있도록 도로와 다리를 만들고, 공원이나 공항 같은 공공시설을 건설·유지하는 데 사용돼. 이와 같이 세금으로 진행되는 사업을 공공사업이라고 해.

학교

국·공립 학교를 운영할 때 드는 비용은 국가 또는 지방자치단체의 세금을 사용해. 학교 건물을 짓는 것뿐만 아니라 교과서, 책상, 칠판, 실험도구 같은 학습자료를 구매하는 비용도 모두 세금으로 마련되지.

공무원의 급여

경찰관이나 소방관처럼 사회 질서를 유지하고 시민의 안전을 지키는 사람들, 거리를 깨끗하게 관리하는 환경미화원 등 사회를 위해 일하는 공무원의 급여도 국가나 지방자치단체의 세금으로 지급돼.

사회 보장 제도

우리나라에는 모든 국민이 건강하고 안정적으로 생활할 수 있도록 사회 보장 제도가 마련되어 있어. 이 제도에 필요한 돈 역시 세금을 사용해. 이건 뒤에서 더 자세히 설명할게.

세금은 납부 방식에 따라 크게 두 가지로 나뉘어. 세금을 내는 사람이 직접 부담하는 직접세와 물건을 살 때 내는 부가가치세처럼 간접적으로 내는 간접세야. 또한 내는 대상에 따라 국가에 내는 국세, 지방자치단체에 내는 지방세로 나누기도 해. 지방세는 다시 도에 내는 도세와 시·군에 내는 시·군세로 나뉘지. 다음과 같이 다양한 세금이 있다는 것을 알아 두자.

세금의 종류

		직접세	간접세
국세	국가에 내는 세금	• 소득세 • 법인세 • 상속세 • 증여세 등	• 부가가치세 • 특별소비세 • 주세 • 관세 등
지방세	도에 내는 세금	• 취득세 • 등록면허세 • 지방소득세 등	• 지방소비세 • 레저세 • 지역자원시설세 등
	시·군에 내는 세금	• 주민세 • 재산세 • 자동차세 등	• 담배소비세 • 지방교육세 등

Q 사회 보장 제도가 궁금해!

뭘 보장해 주는 거지?

A 국민이 건강하게 살 수 있도록 보호하는 거야

모두가 건강하게 일하며 돈 걱정 없이 생활할 수 있으면 좋겠지만, 현실은 그렇지 않아. 뜻하지 않은 사고나 질병, 또는 나이가 많이 들어서 일을 할 수 없게 되기도 하거든. 이런 상황에서 국가가 '국민의 건강과 기본적인 생활'을 돕는 제도가 바로 사회 보장 제도야. 사회 보장 제도는 모두 국민의 세금으로 운영돼.

사회 보장 제도의 종류

☆ **사회보험**
질병, 부상, 실업, 노후, 간병 등에 대비해 국민이 가입하는 제도야. 국민건강보험, 국민연금, 고용보험, 산업재해보상보험 등이 있어.

☆ **공적 부조**
사정상 일을 할 수 없는 사람이나 경제적으로 어려운 사람들에게 최소한의 생활을 보장해 주는 제도야. 기초생활 보장 제도 등이 있어.

☆ **사회복지 서비스**
장애인, 고령자, 한부모 가정, 아동 등 사회적으로 보호가 필요한 사람들을 지원하는 제도야. 복지시설 운영, 장애인 복지 서비스뿐만 아니라 어린이가 건강하게 자랄 수 있도록 하는 육아 지원도 포함돼.

☆ **공중위생 및 의료**
전염병 예방, 보건사업, 환경 위생 관리 등을 통해 국민의 건강을 보호하는 제도야. 예방접종 지원, 전염병 예방 대책, 하수도 정비, 쓰레기 처리 등이 있어.

연금이 궁금해!

미래를 위해 매달 조금씩 모으는 돈으로 나라가 법으로 만들어 관리해.

 **필요할 때 받을 수 있는 용돈 같은 돈이야**

연금은 어른들이 나중에 일을 하지 못하게 되었을 때 받을 수 있는 용돈 같은 돈이야. 어렸을 때 저금통에 돈을 모으듯이, 어른들도 매달 조금씩 돈을 모아 두면 나이가 들어 일을 못할 때 그 돈을 다시 나눠서 받을 수 있는 거야. 나라가 운영하는 연금은 공적연금이라고 부르고 네 가지 종류가 있어.

공적연금의 종류

⭐ **국민연금**
우리나라에 사는 대부분의 사람들이 가입하는 연금이야. 일을 하면서 돈을 조금씩 내면 나이가 들어서 일을 할 수 없을 때 매달 일정한 돈을 받을 수 있어.

⭐ **공무원연금**
경찰, 공무원처럼 나라를 위해 일을 하는 사람들이 가입하는 연금이야. 마찬가지로 일정한 나이가 되면 일을 하지 않아도 매달 돈을 받을 수 있어.

⭐ **군인연금**
군인으로 오래 일하는 사람들이 가입하는 연금이야. 역시 군인으로 퇴직한 후에 일을 하지 않아도 매달 돈을 받을 수 있어.

⭐ **사학연금**
사립 초중고, 대학교 등 사립학교에서 일하는 선생님이나 교직원이 가입하는 연금이야. 나이가 들어서 일을 할 수 없을 때 매달 돈을 받을 수 있어.

갖고 싶은 것 목록

갖고 싶은 것	필요한 돈	사고 싶은 날짜

기념일 목록

누구를 위한?	무슨 기념일?	선물하고 싶은 것	필요한 돈

용돈 기입장

이번 달 용돈 원

	나를 위한 돈	다른 사람을 위한 돈	저축하는 돈
이번 달 받는 용돈	원	원	원
지난달 남은 돈	원	원	원
이번 달 쓸 수 있는 돈	원	원	원

나를 위한 돈 원

날짜	내용	금액	니즈 / 원츠	잔액
일		원	원	원
일		원	원	원
일		원	원	원
일		원	원	원
일		원	원	원
일		원	원	원
일		원	원	원

다른 사람을 위한 돈 원

날짜	내용	금액	잔액
일		원	원
일		원	원
일		원	원

저축할 돈 원

날짜	내용	금액	잔액
일		원	원
일		원	원

이번 달에 남은 돈 원

나를 위해 쓴 돈	다른 사람을 위해 쓴 돈	저축한 돈
원	원	원

느낀 점	부모님 의견

감수 야기 요코

재무 컨설턴트이자 진로 상담가예요. 2005년부터 어린이를 대상으로 돈과 직업 교육을 하는 '키즈 머니 스테이션'의 대표를 맡고 있어요. 또한 NHK 생활 정보 프로그램 <아사이치>를 비롯한 다양한 미디어에 출연했어요. 지은 책으로는 『머니 스쿨』, 『열 살, 꿈이 이루어지는 경제 습관』 등이 있어요.

옮긴이 박선정

중앙대학교에서 일어일문학을 공부했어요. 글밥 아카데미 일본어 출판번역 과정을 수료한 후, 현재 바른번역 소속 번역가이자 외서 기획자로 활동하고 있어요. 글쓴이의 목소리에 귀를 기울이고 독자의 마음을 헤아릴 줄 아는 번역가가 되기 위해 노력하고 있어요. 옮긴 책으로는 《가장 쉬운 고양이 자수》, 《초등 선택 미션》, 《초등 공부 미션》, 《기상 예보관이 들려주는 어린이 날씨 수업》 등이 있어요.

초등 습관의 기적
매일 쓰는
돈의 비밀

1판 1쇄 발행 2025년 10월 15일
1판 2쇄 발행 2025년 11월 11일

감수 야기 요코
그린이 미카노
옮긴이 박선정
발행인 박명곤 **CEO** 박지성 **CFO** 김영은
기획편집1팀 채대광, 백환희, 이상지, 김진호
기획편집2팀 박일귀, 이은빈, 강민형, 박고은
기획편집3팀 이승미, 김윤아, 이지은
디자인팀 구경표, 유채민, 윤신혜, 권지혜
마케팅팀 임우열, 김은지, 전상미, 이호, 최고은

펴낸곳 (주)현대지성
출판등록 제406-2014-000124호
전화 070-7791-2136 **팩스** 0303-3444-2136
주소 서울시 강서구 마곡중앙6로 40, 장흥빌딩 10층
홈페이지 www.hdjisung.com **이메일** support@hdjisung.com
제작처 영신사

ⓒ 현대지성 2025

※ 지성주니어는 현대지성의 어린이 브랜드입니다.
※ 이 책은 저작권법에 따라 보호받는 저작물이므로 무단 전재와 복제를 금합니다.
※ 잘못 만들어진 책은 구입하신 서점에서 교환해 드립니다.

"Curious and Creative people make Inspiring Contents"
현대지성은 여러분의 의견 하나하나를 소중히 받고 있습니다.
원고 투고, 오탈자 제보, 제휴 제안은 support@hdjisung.com으로 보내 주세요.

현대지성 홈페이지

이 책을 만든 사람들
기획·편집 이승미 **디자인** 구경표